"中国劳模"系列丛书

中国劳模

助力列车提速的首席技师

郭锐

蒋汶谕　薄丛婉◎著

吉林出版集团股份有限公司
全国百佳图书出版单位

图书在版编目（CIP）数据

助力列车提速的首席技师：郭锐／蒋汶谕，薄丛婉
著. -- 长春：吉林出版集团股份有限公司，2025.6.
（"中国劳模"系列丛书）. -- ISBN 978-7-5731-6131-4

Ⅰ. K826.16

中国国家版本馆CIP数据核字第2025TT8850号

ZHULI LIECHE TISU DE SHOUXI JISHI: GUO RUI

助力列车提速的首席技师：郭锐

出 版 人	于　强	
主　　编	徐　强	
著　　者	蒋汶谕　薄丛婉	
组稿统筹	东北师范大学文学院创意写作研究中心	
责任编辑	王丽媛	
装帧设计	刘美丽	

出　　版	吉林出版集团股份有限公司	
发　　行	吉林出版集团社科图书有限公司	
地　　址	吉林省长春市南关区福祉大路5788号　邮编：130118	
印　　刷	唐山富达印务有限公司	
电　　话	0431-81629711（总编办）	
抖 音 号	吉林出版集团社科图书有限公司　37009026326	

开　　本	710 mm×1000 mm　1／16
印　　张	9
字　　数	80千字
版　　次	2025年6月第1版
印　　次	2025年6月第1次印刷

书　　号	ISBN 978-7-5731-6131-4
定　　价	55.00元

如有印装质量问题，请与市场营销中心联系调换。0431-81629729

序 言

　　劳动创造财富，劳动创造幸福，劳动创造未来。习近平总书记在2020年全国劳动模范和先进工作者表彰大会上的讲话中指出："全社会要崇尚劳动、见贤思齐，加大对劳动模范和先进工作者的宣传力度，讲好劳模故事、讲好劳动故事、讲好工匠故事，弘扬劳动最光荣、劳动最崇高、劳动最伟大、劳动最美丽的社会风尚。"当今世界，综合国力的竞争归根到底是科技人才和高素质劳动者的竞争。改革开放以来，我们强大的工人队伍用辛勤的劳动和拼搏奉献的精神推动中国制造、中国智造、中国创造走向世界的前列，使新时代的中国面貌日新月异。大力弘扬劳模精神、劳动精神、工匠精神，加强高素质技能人才队伍建设，打造一支宏大的知识型、技能型、创新型劳动者队伍，是伟大时代赋予我们的历史责任。

　　劳动模范是民族的精英、人民的楷模，是共和国的功臣。自改革开放以来，广大职工勇立改革潮头，独立自主，奋发图强，勇于创新，其中涌现出一批批全国劳模和大国工匠。他们参与建设了代表中国高度、中国速度、中国深度的一系列重大工程，提升了国家实力，打造了"中国名片"，树立了"中国品牌"，增添了"中国力量"，充分释放出工人阶级的创新活力，展示出大国工匠的强大创造力。他们以工人阶级的满腔热忱在各自平凡的工作岗位上取得了辉煌的成绩，书写了新时代的壮丽篇章。

爱岗敬业、争创一流、艰苦奋斗、勇于创新、淡泊名利、甘于奉献的劳模精神，崇尚劳动、热爱劳动、辛勤劳动、诚实劳动的劳动精神和执着专注、精益求精、一丝不苟、追求卓越的工匠精神，是广大劳动群众在社会生产实践中锤炼形成的弥足珍贵的精神财富，是工人阶级伟大品格的具体体现，是民族精神和时代精神的生动诠释。民族复兴需要劳动模范，祖国强盛需要大国工匠，中国制造、中国智造、中国创造更需要大国工匠的强有力支撑。劳模、工匠等的成长故事、先进事迹中承载的劳模精神、劳动精神和工匠精神，是激励全国各族人民团结奋斗、勇往直前的强大精神力量。

"中国劳模"系列丛书，采用图文结合的方式，讲述全国劳模、大国工匠和先进工作者们的成长经历及他们追梦、筑梦、圆梦的故事，用他们在平凡岗位上创造不平凡业绩的真实故事感染读者，推动形成劳动最光荣、劳动最崇高、劳动最伟大、劳动最美丽的社会风尚，引导广大技术工人和青少年形成劳动光荣、技能宝贵、创造伟大的观念。

"匠心筑梦，强国有我。"新时代是一个万象更新、生机勃勃的时代，也是一个继往开来、创新创业和建功立业的大时代。希望广大读者能以劳动模范为榜样，以大国工匠为楷模，立志技能报国、技术强国，踔厉奋发，勇毅前行，锤炼思想品格，汲取劳动智慧，勇于担当、勤于钻研、甘于奉献，为推进新型工业化和乡村振兴，为加快建设制造强国、质量强国、航天强国、交通强国、网络强国、数字中国、农业强国，全面建设社会主义现代化国家贡献青春力量。

高凤林

中华全国总工会副主席（兼）

中国航天科技集团有限公司第一研究院

211厂14车间高凤林班组组长

2022年11月

扫码解锁

◎群英颂歌◎高铁工匠
◎创新驱动◎奋斗底色

　　郭锐，1977年10月出生，中共党员，大学学历，中车青岛四方机车车辆股份有限公司钳工首席技师，高级工程师；中国中车首席技能专家，被誉为"高铁装配技能大师"。曾获得全国技术能手、山东省首席技师、全国五一劳动奖章、泰山产业领军人才、最美铁路人、中央企业百名杰出工匠、全国劳动模范、中华技能大奖等荣誉，享受国务院政府特殊津贴。中国共产党山东省第十一次、第十二次代表大会代表，中央企业系统（在京）党代会代表，中华人民共和国第十三届全国人民代表大会代表，中国共产党第二十次全国代表大会代表，山东省总工会第十五届委员会兼职副主席，青岛市劳模协会副会长。

在长期实践中，郭锐坚持理论创新与实践创新相结合，通过多维度技术成果转化，助力高速动车组制造技术跨越式升级。近年来，他独创16项先进操作法，有60多项技术创新成果获奖，获得国家专利授权26项，编写培训教材2部，发表论文24篇，培养技师、高级技师33人。

近5年来，作为国家级技能大师工作室、全国示范性劳模和工匠人才创新工作室、山东省示范性劳模和工匠人才创新工作室、火车头劳模和工匠人才创新工作室、中国中车金蓝领和劳模创新工作室的领军人，郭锐带领工作室高技能人才共完成攻关课题545项，改善提案2566项，解决现场技术难题650多个，为公司创造效益6000多万元。

目 录

第一章　少年梦根植于心

扫码解锁

◉群英颂歌◉高铁工匠
◉创新驱动◉奋斗底色

黑土地上的家风

1977年，艳阳高照、稻浪翻滚的金秋十月，在东北的黑土地上，勤劳的人们收获着喜悦。郭家人在这丰收的日子里，又迎来了一个大胖小子。为了纪念生活在这个锐意进取的时代，父亲郭秀禄给这个小男孩取了个名字叫郭锐。郭家祖籍不在黑龙江，而在今山东省昌邑市。

当年，郭锐的爷爷郭忠树积极响应党中央发出的"抗美援朝，保家卫国"的号召，告别妻儿，参军入伍，成为中国人民志愿军预备役战士。战争胜利后，郭忠树退伍后没有返回老家，而是转业到黑龙江省，成为开垦北大荒的一员。

能够为国家提供粮食补给是件十分光荣的事。郭忠树受到"英雄奔赴北大荒，好汉建设黑龙江"的激励和鼓舞，从此扎根九三农场，开始垦荒。

九三农场地处我国北方，人烟稀少，荒草遍野，全年无霜期短，入冬后冰天雪地，寒风刺骨。郭忠树和战友们来到农场，先用泥土和秸秆盖起了几间简陋的泥草房。屋内是南北大炕，就像大通铺。等随军家属来了，他们就在大通铺的中间用树条隔起来，再把泥土抹在树条上，隔成几段。这样一家住在一段里面，成为当时简陋的民居。

在农场里，战友们分工明确。农业班负责种地及秋收后粮食的晾晒、装袋工作，林业班负责种树。郭忠树被分在机务班，开"斯大林80号"拖拉机，负责开垦荒地。

有一年秋天，郭忠树和战友两个人一班开着"斯大林80号"，拖挂五铧犁开荒。荒地上树枝多，时常会挂到犁铧上。在这种情况下，往往需要一个人驾驶，另一个人下去清理。郭忠树去清理树枝时不慎被绊倒，犁铧伤到了他。好在没伤到内脏，郭忠树在家躺了两个多月。俗话说，伤筋动骨一百天。然而，郭忠树还没等身体痊愈，就急着回到农场，继续开荒。一方面他坚持"轻伤不下火线，重伤坚持干"，另一方面农场还有许多未完成的活儿，人手不足，他不愿闲在家中养病。

北大荒的春天，风很大。播种时种子很容易被风刮跑，地里缺苗断苗的现象时有发生，由此导致的减产影响农场的收成，大家都觉得没能为国家贡献自己的力量。对此，郭忠树看在眼里，急在心里，彻夜思索解决办法。他想到，如果种上防风林，可能有不错的效果。思想值千金，时不我待，郭忠树立刻向组织提出申请，带领战友们开始种树。他们凭经验分析春季的风力和风速，然后再规划好8条林带的位置。一条林带2400多米，相邻林带间隔420多米。这样就可以防风固土保苗了。

种树时，需要先把杨树条剪成约25厘米长的树段，捆成捆儿放到像菜窖一样的地方进行保湿，等来年春天再栽到地里。待树苗发芽长出根须，再把有根的树苗种到防风带上。为了赶工期多育苗，郭忠树时常把树条拿回家里，让妻子儿女一起帮他剪，第二天他再背到单位去。

郭忠树就是这样默默地干着他认为最重要的事儿。他在林带预定位置上用绳子拉出一条笔直的线，再用犁铧贴着这条线翻出一道沟，将树苗栽进去。他像呵护孩子一样呵护树苗，经常去给树苗除草、浇水。不知不觉几年过去了，小树苗长成了绿油油的杨树，防风林已成规模。上级管理部门来检查时，对长势良好的防风林更是大加赞赏，推举郭忠树为劳动模范。

俗话说，十年树木，百年树人。防风林如一道道屏风护佑着北大荒庄稼的生长。如今农场加大种植力度，扩大防风林面积，九三农场已是绿树成荫。每当郭家后辈回去，他们都会去杨树林里走走。他们抚摸着参天大树感慨万千，仿佛看到了郭忠树当年弯腰种树的身影。

郭忠树深爱着这片黑土地，并为之奉献了自己的青春和热血。郭忠树共有6个孩子，4儿2女。郭锐的爸爸出生在青岛，到北大荒那年只有5岁。他原本能够生活在温暖的海滨城市。然而，父亲郭忠树来到了北大荒，他们兄妹也都做了随军家属，被母亲带到了这冰天雪地。

几十年过去了，郭家的后代在传承中对黑土地又有了新的情感。尽管当年北大荒荒凉，生活辛劳艰苦，但他们从未听到过老一辈人有一句怨言。老一辈们丝毫不减工作的热情。郭忠树甘于奉献、坚韧不拔的品格是留给后代最宝贵的财富。

学校里的小能手

郭锐的父亲郭秀禄是技术拔尖的钳工，平时就爱做些小东西，例如小铲子、小漏勺、小汽车模型等。通常只要父亲动手做，细心的小郭锐就会在旁边观看。在郭锐的眼里，父亲有一双会变魔术的手。每每父亲鼓捣一会儿，一个精致的小玩意儿就出现在他手中。郭锐看在眼里，喜在心头。充满好奇心的郭锐总是在思考父亲是怎么做成的，这或许是郭锐钳工技术的最早启蒙吧。

与此同时，父亲对工作的热爱也影响着郭锐。小时候，家里有个小柜子，柜子里面放着父亲常用的工具。父亲把每件工具都擦得干干净净，从小件到大件整齐地摆放在柜子里面。这个柜子是不让小孩子动的，但小郭锐总是趁父亲不在家时偷偷地把里面的工具拿出来，摸一摸，模仿父亲干活儿的动作比画几下，再按原样放回去。父亲能准确地说出每样工具都放在哪儿，即使在夜里也能准确地摸到想要的那个。郭锐在这样的家庭氛围熏陶下成长为一名钳工，似乎是必然。

在北大荒，郭锐的钳工本领是从制作捕捉工具开始练就的。北大荒地域辽阔，树木丛生，百草丰茂。亲近自然是农场孩子们的天性。郭锐喜欢夏天，因为夏天来了，蝴蝶和蜻蜓等昆虫就来了，五颜六色的昆虫总是让他目不暇接。于是，小郭锐就利用高粱秆和蜘蛛网等材料制作一些捕捉工具，然后将捕捉到的蝴蝶和蜻蜓等拿去和伙伴比赛，看谁捉到的昆虫最漂亮，而郭锐在这方面总能占上风，原因是他的捕捉工具做得好。

等到郭锐稍大一点儿时，他就模仿爸爸的样子用自家的斧、刨、锯等做一些木头枪之类的小玩具。郭锐总是将做好的成品拿去和好朋友分享，若有人喜欢，郭锐就大方地送给他，这让郭锐很有成就感。郭锐在做小物件方面与同校的学生相比，始终是佼佼者。一个班10多个孩子，大家都很喜欢郭锐。包括高年级的同学也都认识郭锐，大家都知道他心灵手巧，做什么像什么。

在离郭锐家不远的地方有一条河——老莱河，是嫩江的支流。水流时缓时急，枯水期河面最窄处只有30多米，涨水期河面最宽处有几百米。那是郭锐和小伙伴最喜欢的地方。

老莱河水草丰美，燕雀成群。到了冬天，老莱河封冻后，郭锐和伙伴们喜欢在冰面上疯跑。他们打雪仗、滑冰、抽冰尜儿、滑冰车、赛爬犁，欢声笑语充满了整条老莱河。疯玩了一天，吃饭是不一定回自己家的，伙伴们今天在这家吃，明天去那家吃。在家属宿舍的一排排平房里，他们就像一个大家庭的孩子。这种无拘无束充满友爱的环境培养了郭锐单纯善良、乐观开朗的性格。

在冬季里，最有趣的就是抓野兔。野兔是一种十分狡猾的动物，平日里是很难被发现的。一定要等下雪后，野兔出来觅食时，人们才能找到它们的足迹。而北大荒最不缺的就是雪。每当下雪后，郭锐和小伙伴们便前呼后应地来到荒野上，去寻找野兔经常出没的小径，观察野兔的踪迹。然后，他们将兔套子钉在野兔经常出没的地方，第二天早上就会有收获。这个兔套子唯有郭锐做得最好。那时，粮食少，野兔总会偷食庄稼，是可以捕杀的。现在则不同，有的品种的野兔是国家二级保护动物，是不能捕杀的。

郭锐的工匠天赋被发现是因为一只铁皮桶。

有一天，父亲刚用一张铁皮下完料，赶巧有事儿出去了。

郭锐在一旁看到后，拿起下好的铁皮料做了起来。父亲回来时，找不到下的那块料了，嘴里还嘟囔着："怎么回事儿呢？这料子难道还能自己飞了不成？"父亲转来转去地找，而郭锐一脸得意地笑，见父亲看向他，他便把刚完成的作品举了起来——一只水桶。

父亲的眼睛一下就瞪圆了。他不敢相信儿子手里拿的是自己将要做的水桶。于是，他拉儿子过来问："你怎么看出来我下的料是要做一只水桶呢？"他又抚摸着儿子的一双小手，说："这么小的手怎么能把水桶做得这么周正？"父亲满脑子都是疑问。没有什么事儿能比儿子有出息更让父亲高兴了。他忙去验证水桶的盛水效果，盛了满满一桶水，结果滴水不漏！他激动地抱起儿子原地转圈，嘴里还不停地说："太了不起了，我的儿子，才10岁呀！"父亲开心地和家人及朋友分享儿子的杰作，大家都齐声称赞郭锐有天赋，郭锐也因此深感自豪。郭锐的钳工技能也在一天天地提高。

⊙ 郭锐（左）小时候与父亲的合影

厂里的新客人

在青岛杭州路上，四方厂尽人皆知，那四方厂究竟是什么地方呢？四方厂，全称为中车青岛四方机车车辆股份有限公司，它历史悠久，底蕴丰厚。在过去的100多年里，它历经兴衰，忍受旧时代的屈辱，也见证了新中国的崛起和强大。

最初，四方厂是德国人为修建胶济铁路建造的，这个工厂被命名为"胶济铁路四方机厂"，历经世事变迁，大家至今仍习惯称之为"四方厂"。

起初，四方厂不具备生产机车的能力，只能用来组装和修理机车。1904年起，为培养一批有技能的德式工匠，四方厂开始创办"艺徒养成所"，培养了一些工人。

中华人民共和国成立后，人民当家作主，四方厂才改变了生产模式。据记载，中华人民共和国第一个火车头就是四方厂生产的"八一号"。当时四方厂的工人决定修复组装一台解放JF2102

型蒸汽机车。全厂经过不懈的努力，终于于1952年7月26日制造出了我国第一台国产解放型蒸汽机车，并将之命名为"八一号"。四方厂人通过自己的努力取得了生产机车、客车和货车的资质。"八一号"这台机车的诞生具有划时代的意义。

如今，四方厂已经发展成为中国高速列车产业化基地，首列时速200公里、300公里、380公里高速动车组，及部分复兴号在这里生产。70多年过去了，这台"八一号"蒸汽机车仍矗立在四方厂的厂区里。与之呼应的是我国时速380公里的高速动车组。这一旧一新的对照是四方厂的历史见证，这一道亮丽的风景线也是四方厂人艰苦卓绝、勇于进取的象征，凝聚着四方厂人不竭的动力。

铁路的修建凝聚着一代又一代人的智慧和努力。要说远在黑龙江的郭锐一家与青岛的四方厂结缘，就不能不提到郭锐的二奶奶。

郭锐的二奶奶名叫邹月娥，生于1934年。她有着山东人典型的豪爽性格，她热情、善良、淳朴、厚道，大家都喜欢她。

二奶奶邹月娥16岁就参加了工作，开始在青岛纺织厂当车工，26岁那年转到四方厂工作。刚进厂时，她一听到火车的汽笛声都会吓一跳，看到磨刀具时飞溅的火花也会躲好远。后来，她慢慢适应了。邹月娥被分到600多人的部件车间，刚开始只能开小车床，随着技术越来越成熟，能开大车床了，去车大一点儿的零件，最后能车蒸汽机车的导轮连杆。导轮连杆就是连接蒸汽机车两个车轮的配件。这是个体力活儿，一个导轮连杆有近二十公斤重，大小伙子拿着都不轻松，好在邹月娥身体好，干劲儿足，她和工友们一天能车三十多根导轮连杆。由于操作时要全程站着，时间一长腿都哆嗦。承受这种强度的压力，时间久了，她的膝盖就疼得站不稳。二奶奶说："那时年轻有拼劲儿。多干点儿高兴，干少了或不加班加点干都不好意思。"二奶奶身上有着中国产业工人最优秀的吃苦耐劳的品质。

二奶奶优秀的品格和果敢的性格是大家有目共睹的。有一次，郭锐的父亲郭秀禄从黑龙江到青岛出差，去邹月娥家里看望她和二叔，这让邹月娥感到非常意外。因为在1987年，郭秀禄要想从黑龙江到青岛是件很困难的事儿。当时，郭秀禄所在的黑龙江省嫩江县（现为嫩江市）九三造纸厂靠近中苏边境，他得先从老家坐马车或者步行到10公里外的一个小火车站，然后坐火车颠簸56个小时，才能到青岛，行程2300多公里。

二奶奶心疼地问："都说黑龙江冷，能冷到什么程度啊？"郭秀禄说，最冷时零下三四十摄氏度，鼻涕眼泪流出来冻在脸上都不敢去擦，硬擦连皮都能一起揭掉，弄得大家一阵唏嘘。

饭桌上，二奶奶说："来青岛吧，正好我们棘洪滩要建一个新厂，专门生产客车。"郭秀禄问："那你们这个新厂还招人吗？""招。"二奶奶果断地说。因为她听说新厂急需技术人员，又知道郭秀禄的钳工技术特别好，所以她想促成此事——让侄子一家到海滨城市青岛来，到棘洪滩客车厂工作。二奶奶怕郭秀禄觉得这是在托人走后门，忙说："推荐一名优秀的钳工可不是给领导添麻烦，举贤不避亲，这是在帮领导解决困难。"

接着，二奶奶很严肃地说："你来青岛，我只有一个要求，要来一家人来，不能两地分居，更不能离婚。媳妇同意就来，媳妇不同意，这事就算拉倒。回去商量好了告诉我。"二奶奶就是这样一个把家庭安定团结看得很重的人。

郭秀禄怀着激动的心情回到了家，仿佛56个小时的颠簸也没那么难熬了。到家后他把这天大的好事告诉了媳妇，两个人着实高兴了一阵儿，可冷静下来就犯难了。去青岛虽好但得离开郭锐的爷爷、奶奶两位老人，离开相处二三十年有了感情的老邻居。他们对北大荒的一草一木都有了感情，正所谓安土重迁、故土难离啊。谈到别离，总会有万般不舍。然而，经过了一年的思想斗争，在老人们的劝说下，郭秀禄终于下定决心去青岛工作。

1988年初夏，郭秀禄来到四方厂青岛棘洪滩客车厂。凭借出色的钳工技术，他通过了严格考核，顺利成为四方厂的一名职工。当年，如果没有二奶奶的热情推荐，也许郭秀禄就不会来到四方厂，可能也就没有今天郭锐在四方厂的非凡成就。

为祖国造更好的车

郭秀禄初到四方厂时，四方厂正处在转型期，为扩大生产规模，需要另建新厂，而厂址就选在了棘洪滩。初见棘洪滩，郭秀禄满脸惊讶，那里比他想象中还要荒凉，荆棘丛生，一片滩涂。晴天略好，一旦下雨，人便无处下脚。荒原上到处都是大大小小的水坑，而荒凉的盐碱地上第一座厂房已经建成。

棘洪滩的环境是艰苦的，但并没有影响到郭秀禄的工作热情，一到工厂他就投入生产了。郭秀禄的钳工技术在这里得到了充分发挥，工作相当出色。比他早到厂的工友都对他刮目相看。大家齐心协力，刚建厂两年，他们便以神奇的速度生产出第一列客车，这在当时被新华社誉为"棘洪滩速度"，在铁路机车史上也是首例。当时的厂志里记载了这个激动人心的时刻：

第一辆客车终于在1988年9月诞生。那是个半夜，秋来微凉，300多人下班后都自动留了下来，大家一起绕着"初生"的客车转圈，一遍一遍地看着，用手抚摸着车体，流下热泪。车体是冰凉的，但手心是热的，人心是热的，所有人都热血沸腾。他们永远记得那个车号：YW22B64164。

"棘洪滩速度"震惊了全国，郭锐对父亲也充满了深深的崇拜，他说："因为父亲，我从小就感受到了技术带来的荣光，感受到了人们对技术的尊重。"

1992年初，妈妈带着郭锐和姐姐从黑龙江搬到了山东青岛。妈妈被安排在四方厂当工具保管员，郭锐和姐姐也在青岛上学了，期盼已久的团聚终于实现了。

当郭锐第一次踏进四方厂大门时，他正好看到一列绿皮火车轰隆隆地驶出工厂，这样的场景在郭锐心中留下了深刻的印象。他感受到这绿皮火车是何等壮观、何等威风，同时也筑就了一个梦，这个梦填满了郭锐的整个身体。他在心中许下愿望，长大以后，一定要像父亲那样，做一名出色的钳工，进入四方厂，为国家制造出更好的火车。

郭锐非常喜欢听二奶奶讲工作上的事儿。阳光透过窗帘洒在温暖的客厅里，二奶奶坐在摇椅上，开始娓娓道来她工作中的种种经历。她的声音低沉而富有感染力，仿佛将郭锐带入了那个忙碌又充满活力的世界。

她总是能从记忆的深处挑选出那些最生动的故事，讲述她年轻时在工厂忙碌的场景，以及如何与同事们克服一个又一个困难。郭锐听得入神，眼前浮现出那些列车轰鸣而过的画面，感受到了大家的团结与奉献。二奶奶讲述的每一个细节，都让他对制造火车充满了向往和敬仰。

有时，二奶奶还会分享她在工作中遇到的趣事，比如和同事们一起加班时的欢声笑语，或是解决生产难题后的喜悦……这些故事不仅展现了工人们的艰辛和奉献精神，也让郭锐体会到了在工作中团结协作的温暖。这些故事在他心中埋下了对未来的憧憬和追求，激励着他不断努力，渴望能够像二奶奶一样，做一份对社会有意义的工作。

通过这些事儿郭锐了解了四方厂的过去，了解了二奶奶那一代老四方厂人的精神面貌。二奶奶家有一张摄于1966年1月的照片，她非常喜欢。照片上年轻的二奶奶和工友们在一起，二奶奶长着一双水灵灵的大眼睛，眼神中满是淳朴，周身散发着阳光般的朝气。那个年代照相机少，所以这张工作照弥足珍贵，被她珍藏至今。

最让郭锐感动的是二奶奶讲生产"上游"型列车的故事。那是1969年的事儿，四方厂全体职工加班加点拼命干活儿，只为让列车按时下线。进入紧要关头时全厂职工半个月不回家，吃住全在厂里，成了真正的一家人。24小时两班倒，一个班12个小时。吃的问题好办，有食堂，住是最大的问题，那么多人没有地方住，他们只能打地铺睡在食堂的地上……

二奶奶说，那时候大家都干劲儿十足，厂领导也和大家一样。有位厂领导因伤离开部队，转业到了四方厂，他每天拄着双拐上下班。那时他也默默地陪着工人们加班加点。谁撵他也不走，望着厂领导关切的目光，工人们心里暖暖的。

"上游"型列车终于成功下线了。大家给列车披上红绸，车头上挂上毛主席的画像和大红花。当列车缓缓地驶出车间时，工人们爆发出雷鸣般的掌声，流下了激动的泪水，试想毛主席能坐上他们亲手制造的火车，那是一件多么光荣的事啊！

祖辈们这种吃苦耐劳的品质深深地影响了郭锐。郭锐自己也曾这样说过："祖辈造蒸汽机车，父辈造绿皮火车，我造高速动车组。"能为祖国造出最好的火车，是郭锐全家人的初心，也是郭锐自己的梦想。

⊙ 1966年，郭锐二奶奶（前排左二）和工友们的合影

第二章　入职后业精于勤

扫码解锁

◎群英颂歌◎高铁工匠
◎创新驱动◎奋斗底色

学钳工志存高远

1994年，从青岛原崂山区棘洪滩南万中学初中毕业的郭锐，怀揣着梦想报考了四方机车车辆厂技工学校。起初父母希望郭锐上高中、上大学，因为一般而言，父母对于自己从事的工作很少希望儿女再参与。然而，郭锐坚持自己的想法，执意报考四方机车车辆厂技工学校。他的目标就是要像父亲那样做一名优秀的钳工，少年时期的梦想在心里已经生根，他就是要制造出更加先进的火车。父母看着他固执的眼神，拗不过他，只好同意。

考试成绩出来了。郭锐的成绩远远超过了钳工专业的分数线。老师说："这样的成绩可以改学电工专业。"父母都同意改专业，母亲更希望儿子干相对轻松又干净的电工工作，可郭锐态度依然坚决："我要学钳工专业。"

四方机车车辆厂技工学校钳工专业的课程内容分理论和实

作两部分。在一个月中，有两周理论课，讲授专业基础知识、车辆专业知识等内容；另有两周实作课，进行钳工基本技术、专业技能的教学，包括錾削、锯割、划线、锉削、矫正、弯曲、刮削、研磨、制作工具、加工零部件等。

"工贵其久，业贵其专"，用心专一、持之以恒，是古往今来成就一番事业的必备品质。在40人的班级里，郭锐和其他同学一样，没有什么差别。但在一次实作课上，郭锐的操作让班主任夏克昌老师眼前一亮。他发现郭锐和别人不一样，郭锐有一定的钳工基础。当其他同学还在熟悉工具的名字时，郭锐已经知道了钳工常用工具的基本操作方法。在加工零部件时，郭锐不需要老师再教第二遍，操作的速度和工件完成的质量都让老师感到惊讶。郭锐对使用工具、操作设备和对零部件加工等知识的理解与应用，也是其他学生不能比的。

夏克昌老师像发现了一件宝贝一样，下课后马上找到了郭锐与他谈心，经过交流才了解到郭锐的父亲是一位出色的钳工，郭锐在10岁时就能手工打制铁皮水桶，并且郭锐常常被邻里们称作"小能手"。此外，夏老师了解到，这个小时候被小伙伴们称作"常胜将军"的郭锐，在游戏当中表现十分出色，并且对游戏很痴迷，他常在打弹弓、滚铁环、弹玻璃球等游戏中拔得头筹。郭锐因为贪玩弹玻璃球，右手大拇指指甲竟被磨出了一个坑，很长时间才长平。他赢的玻璃球能装满一个纸盒，妈妈为了阻止他玩玻璃球，曾把他赢的玻璃球全倒掉，可是他很快又赢了一盒子。

通过聊天，夏老师知晓郭锐在少年时动手能力和专注力就极强。夏老师对郭锐的父母说："这小子，有钳工天赋，做事执着，头脑灵活，好好引导，会成为出色的钳工技术人才。"

从此，爱才的夏老师开始有意培养郭锐，经常为郭锐"开小灶"，并且时常鼓励他："在实现自己的人生梦想之前，要先学好技术，而学好技术之前要先做一个好人。"在夏老师的引导和鼓励下，郭锐学习异常认真。上理论课时郭锐积极发言，他不放过书本中的任何一个知识点，一定要弄清操作的基本原理。上实作课时，郭锐也能将理论知识运用到实际操作中，并且努力将每一个步骤做好、将每一个配件做精。因此，郭锐的每一件作品都被老师作为样件在同学面前展示。郭锐深深地感受到老师对学生的鼓励很重要，越被老师表扬的学生就越有自信，越有干劲儿。好学生是表扬出来的，渐渐地，郭锐的操作技能水平逐步提升，同时得到老师的认可和同学的赞扬。

在一次期末考试中，考试内容是做一把锤子。当作业交上去时，郭锐得了98分，是相当高的分数了。夏老师拿着郭锐做的锤子就去钳工组老师办公室，自豪地询问其他老师："你们看这把锤子做得怎么样？"老师们忙围过来，问："这是谁做的？"答："我学生做的。"其他老师都很吃惊，一年级的学生怎么能做得这么好啊！于是这把锤子就成了展件，老师以此来激励新同学。

临近毕业时，夏老师把一年级考试的作品都还给同学们，让大家再做一次比较一下，看两年来进步多少。郭锐那把一年级时做的编号为18号的锤子经过检测、计量，和现在做的一样。不是郭锐没有进步，而是他的作品在两年前就已经接近完美，夏老师再次对他提出表扬。

夏老师认为，郭锐不仅有天赋，对待学习的态度也很认真。二年级时，有一天郭锐突然发烧，得了病毒性感冒。检查、打针、吃药，他两周了都没能来上课。这两周正好是实作课。郭锐深知打牢坚实的基础有多重要，他不能漏掉任何一个知识点。于是，等病好再上实作课时，他打起十二分精神，边学新课边补落下的课，尽自己最大能力将每一个步骤做好，将每一个配件做精。正是凭借着这种精益求精的刻苦精神，郭锐在校期间不仅学会了钳工操作技能，练就了扎实的基本功，还养成了"爱钻研、能吃苦、将每一个配件做精做细做好"的习惯。

最后，郭锐以优异的成绩毕业，并获得技工中级二等职业资格证书。

恩师爱才，精心栽培

1997年，郭锐从技工学校毕业，被分配到四方厂液力传动分厂，成为一名钳工。

一进到厂内，郭锐立刻就被震撼到了。车床前一排排工人在认真作业，电焊车间焊花此起彼伏，钢铁之间的碰撞给人以强有力的心灵触动。郭锐一下子就热血沸腾了，他喜欢这样的劳动场面。

在液力传动分厂工作期间，郭锐很快便在新入厂的工人中脱颖而出。他没有因循守旧，而是对现有不合理的地方进行了改良。郭锐努力学习，刻苦钻研，先后解决了机车制造中多项

⊙ 2002年，郭锐组装内燃机车机油泵时留影

技术难题。对此，工段长跟郭锐的师傅说："好苗子！是块儿工匠的料，要好好培养！"

在四方厂郭锐遇到了第二位恩师——楚光荣。

楚光荣是四方厂液力传动分厂的钳工，从事内燃机车液力变扭器组装工作，就是给火车头加工和组装配件。从技术的基本技能来看，钳工分五个等级：初级工、中级工、高级工、技师、高级技师。楚师傅是高级工。楚光荣比郭锐的父亲大两岁，性格随和，为人朴实，技术高超，在四方厂是很有声望的一位师傅。

郭锐进厂以后，一直跟着楚师傅学习。楚师傅提起初见郭锐的情景时，他说："第一次见到郭锐，他一米八大个儿，开口讲话先带笑，一笑两只眼睛弯得像月牙儿。从上班第一天起，我就发现他好学、勤快，对待工作认真，追求工作质量。"

郭锐将楚师傅视为榜样，为了追赶上师傅的脚步，厂里有高难度的活儿，或者别人不愿意干的活儿，郭锐都毫不推辞。在他看来，锻炼的机会尤其珍贵。至于攻克难关后所得的奖金郭锐从来不收，楚师傅便会用这些奖金请他吃饭。平日上班，郭锐总是早早打来开水，为楚师傅泡上茶，再开始一天的工作。师徒俩的情谊，就是在这日常的点滴中建立起来的。

郭锐常说："楚师傅带徒弟的方法独特且实用。他会先给你讲怎么做，再亲自示范。总结起来就是：他讲我听，他做我看，我做他看，他评我改。"楚师傅带徒弟的方法让郭锐受益匪浅，他教会了郭锐很多书本上学不到的技能，比如在加工螺母时确保丝锥（加工工具）和孔的端口平面保持垂直度的技巧。楚师傅教的方法是在操作时加长锥把，距离加长后，就很容易看出来是否垂直，这方法简单实用。楚师傅教他的这些技巧，无形中让郭锐积累了很多经验，为日后应对各类疑难问题打下了坚实的基础。

"以责人之心责己，以恕己之心恕人"，郭锐能遇上这样的师傅是幸运的。当郭锐做出的产品未达标时，楚师傅不会责备他，而是耐心地再给郭锐示范一遍正确的操作。楚师傅还会经常锻炼郭锐的观察力，例如将一把钥匙放在桌子上，让他拿着钥匙坯，用锉锉出一把一模一样的钥匙，这就是"盲配"。郭锐每每做完一试，锁都能打开。

为了锻炼郭锐，在没什么活儿的时候，楚师傅总会安排郭锐进行配件组装练习，自己则在一旁指导。在反复操作中，郭锐很快就掌握了基本技能。楚师傅对郭锐的培养与雕琢，恰似

⊙ 郭锐的师傅楚光荣

春雨润物，无声却有力。在潜移默化下，郭锐不仅在技术上日益精进，更从楚师傅身上学到了许多为人处世的道理。正是楚师傅的无私帮助与倾囊相授，郭锐才能够在工作岗位上独当一面。

参加大赛勇夺桂冠

明代郑心材在《郑敬中摘语》中说："大志非才不就，大才非学不成。"意思是说，宏伟的志向没有才学就不能实现；拥有大才的人不学习就不能成功。这句话说明有目标并为之努力对一个人的成功是至关重要的。

其实，郭锐在求学期间，夏克昌老师就曾说过："以郭锐的实力去参加青工技能大赛应该是没有问题的。"然而，那时的郭锐对自己还不够自信，以为是老师为了鼓励学生继续努力才这样说的。

2000年9月，四方厂要举办青工技能大赛，楚师傅让郭锐报名。起初，郭锐没敢答应师傅的提议，因为感到自己还有欠缺。楚师傅就劝他说："报名试试。不去试，怎么知道不行？"其实，楚师傅心里有底，按照郭锐苦练的成绩，取得一个名次是不成问题的。郭锐也清楚自己在技术层面的优势。于是，在楚师傅的鼓励下，郭锐报名参加了青工技能大赛。

郭锐的父亲听说儿子要参加青工技能大赛，亲手打制了一把钳工用的不锈钢划规送给郭锐。这把划规制作精细，规尖是钨钢材质的，不仅锋利，而且特别耐磨。这是一份来自父亲的鼓励和支持。郭锐开始备战训练，力争取得好名次。他白天在工厂正常上班，不因为参赛而耽误本职工作，晚上挑灯夜战，训练自己的比赛项目。青工技能大赛的比赛时间通常为6个小时，郭锐总是给自己增加强度，他常常要训练8至10个小时。队友在晚上7点左右回家，郭锐要练到晚上9点以后。同时，每次练习郭锐都将劳保服、劳保鞋等工装穿戴齐全，按照正式参赛的标准来严格要求自己。

郭锐对参加青工技能大赛非常重视，对自己的要求非常严格。除了自身的追求外，还有来自家庭的因素。那时，郭锐的父母、姑姑、姐姐都在四方厂工作，厂里好几千人，平常工作一旦出错，就会传到亲人的耳朵里。郭锐是个要脸面的人，罚款还是其次，公示栏里的通报批评他是承受不了的。自己丢人

⊙ 2000年，郭锐测量内燃机车机油泵轴径尺寸时留影

不算，不能给家人脸上抹黑。于是，他本着"一次就做对，一次就做好"的工作态度，把一切工作做好。

青工技能大赛分理论与实作两部分。实作是用一块完整的钢铁板，手工打造一套机构零件。这项比赛不仅比钳工的基本功操作技能，还比钳工的体力与脑力。在参赛的过程中，选手们不仅比锯削、锉配、钻孔、铰孔等基础技能，还要把自己的工艺路线、先进操作法展示出来。每个人都在争分夺秒、全力以赴。经常有选手累得手抽筋或者体力不支，中途退赛。

为了赢得比赛，郭锐要比其他参赛选手多准备十几件工具，以防意外发生。而事实上，有些意外是准备再多工具也解决不了的。在现场发生的问题，需要选手凭借超强的应变能力才能解决。在比赛的过程中，有的选手钻孔的位置偏移出现了异常，有的选手装配尺寸链的数据出现超差，有的选手因为不能解决这些"差错"而放弃比赛。而郭锐在面对意外时，选择了重新设计工艺路线，将异常变为正常，完美地达到比赛要求和设计标准。

大赛结束了，郭锐夺得第一名。郭锐展示了他手工制作的比赛试件，其做工精细，零部件的配合严丝合缝，就像是用机器加工出来的。"拿到第一名时，我只高兴了一天。睡一觉，第二天醒来，那些成绩就成了过去。我必须有一个新的开始。"面对取得的成绩，郭锐对自己有清醒的认识，他不断突破自我，以加倍的努力挑战着自己技术的上限。

这次比赛在郭锐的人生里意义重大，不仅激发了他的潜能，更增强了他的自信。获奖就像是一个开端，此后郭锐的进步便一发而不可收。工友们在羡慕郭锐取得成绩的同时，也在反思：有谁能像郭锐一样，做到全心全意地付出？郭锐取得成绩看似易如反掌，然而他所付出的努力却是常人难以企及的。他付出了常人无法付出的艰辛，故而取得了常人难以取得的成绩——这也是一种公平。

格物致知平争议

人在前行的路途中会有很多选择，或许有的路看似平坦顺遂，有的路则漫长又崎岖，但选择一条艰难的路来走，未必是件坏事。

因为敢于挑战难事，终将能有所收获。

郭锐在四方厂选择的挑战都颇具难度。有时为了验证某种结果，他会尝试使用几百种材料，推翻一套又一套方案，日夜忘我地工作。

"没有一流的心性，就没有一流的技术。"在方寸之间，郭锐打造出了精品，诠释了格物致知的真谛。通过不断的努力，郭锐连续获奖的消息在厂里传开了。除了赞扬声，也出现了质疑声，有人质疑郭锐只是比赛能手，在实际操作中不见得有多强，因为比赛和实际操作还是有差别的。郭锐听到这些言论后，既没有解释，也未将其放在心上。

郭锐深知"手巧不如家什妙"的道理。为了提高工作效率，他在工装设备上下功夫，反复改良，终于将新的工装设备投入生产，效率与从前相比提高了五到六倍。

质疑声渐渐变小，换来的是更多的赞誉和认可。大家开始意识到，郭锐取得成绩并不是偶然，而是经过无数个日夜的坚持与付出所获得的成果。随着时间的推移，郭锐不仅赢得了同事们的尊重，也让那些曾经心存嫉妒的人不得不重新审视他的能力。他能解决技术难题，勇于创新，突破原有的固化模式，为公司增加效益，为国家节省资金，这样的人获得殊荣实至名归。

舆论的转变不仅减轻了郭锐的压力，也为团队营造了良好的氛围。大家开始团结一心，共同为提升机车性能而努力。郭锐的"荣誉"经住了大家的考验，他成了大家共同学习的榜样，他的故事激励着团队向更高的目标迈进。

郭锐说："学好技术的目的不是参赛获奖，而是将其应用到生产中，解决问题，提高效率。"大家对此心服口服。俗话说："追逐着鹿的猎人是看不见山的。"的确，当你心无旁骛地去钻研某一件事时，你就会忽略周围的一切。

苏轼说："古之立大事者，不惟有超世之才，亦必有坚忍不拔之志。"不管是做学问还是做人，都需要专心致志，全身心投入，如此方可成功。

"我心向党"

2003年11月21日，是郭锐终生难忘的日子。当他面对党旗举起右拳的那一刻，内心有一股力量在涌动，这股力量瞬间让他热血沸腾。当他用铿锵有力的声音宣读入党誓词时，一种更强大的精神力量在激励和鼓舞着他。这种激励不仅仅源于他对党的热爱和忠诚，还来源于他对职业的热爱和对岗位的坚守。面对鲜红的党旗，郭锐的内心久久不能平静。就在那一刻，郭锐觉得自己在精神上得到了升华。

入党不仅是组织对郭锐的认可，更是对郭锐心灵的净化，境界的提升。入党前，郭锐认为自己只需要在行业内发光发热，积极发挥技术特长，体现自身价值即可。入党后，郭锐觉得自己肩上的担子更重了。他意识到，身为党员，自己应该更加努力工作，和大家不断地克服困难，突破业务生产的瓶颈，通过团队及自身努力解决公司遇到的实际问题，为公司创造更多的价值，为国家做出更大的贡献。

作为工长的郭锐经常加班到晚上十一二点。单位班车最晚九点半发车，有时回不了家，他就在工厂的单身公寓住一晚。班组里只要有一名职工加班，郭锐就陪着他。时间长了，同事都心疼郭锐，说："我们自己在这儿就行，你快回家休息吧。"在此之后，车间里的年轻人都将郭锐当成榜样。这不仅仅源于他们对郭锐的钦佩，更是因为他们希望从郭锐身上汲取经验和力量。每一个人都清楚，郭锐是他们的学习榜样。于是，在车间的各个角落，都能听到大家低声讨论着如何提升工

⊙ 2003年，郭锐（右）向党支部书记汇报工作时留影

作效率，如何解决技术难题。

随着时间的推移，这种氛围让整个车间越发活跃，每个人都斗志昂扬，相互鼓励，共同进步。大家开始主动分享各自的经验，互相学习、互相帮助。郭锐作为核心人物，成了大家心目中的引导者，他的坚持和付出激励着每一个人，让整个团队士气高涨。

在这样的环境中，年轻人的工作热情不断攀升，车间内充满了奋斗的气息。无论遇到怎样的困难，他们都不再感到孤单，因为他们知道，有郭锐在身边，还有彼此的支持。

每次加班，面对同事的关心，郭锐心里充满感谢，却依旧坚守在自己的岗位上。郭锐清楚，哪怕有再大的困难，自己也一定能克服。

郭锐说："我晚上加班是因为白天的事儿太多太杂了，只有晚上才能静静地思考一些技术上的问题。"为了技术人员在晋级时不被落下，郭锐利用下班时间，亲自帮助他们整理不合格的申报材料。有些技术人员技术精湛，工作出色，完全具备晋级资格，可他们的文字表达能力稍差些，大部分人曾因为申报材料不合格而无法晋级。好在现在有郭锐默默帮他们整理材料，他们才得以晋级。工友们知道这事后非常感动，工作起来更加卖力，也更敬重郭锐。

每当有人问郭锐："每天这么拼命干活儿，你苦不苦？"郭锐都会坚定地回答："苦什么？不苦。"因为他明白自己身为一名党员，不能辜负党和人民的信任。

第三章　棘洪滩从零开始

扫码解锁

◎群英颂歌◎高铁工匠
◎创新驱动◎奋斗底色

新业务、新起点、新挑战

敢于挣脱世俗束缚，需要巨大的勇气，更需要聆听心灵的召唤。董必武同志曾说："精通一科，神须专注，行有余力，乃可他顾。"2006年，由于企业生产经营转型，产品结构发生调整，郭锐从液力传动分厂调到了离家30多公里外的棘洪滩客车分厂工作。

棘洪滩远在郊区，比较偏僻。这里虽然比父辈们建厂时好很多，但和市区的交通、生活和工作环境还是不能比。况且郭锐早已习惯了市内的生活，突然每天上下班要通勤70多公里，他一时难以接受。然而，面对这些困难，他没有丝毫退缩。已经完全掌握液力传动分厂技术的他，渴望学习新技术，到棘洪滩客车分厂工作，对他而言成了学习新技术的好机会。

客车分厂的生产制造分普速列车和动车组列车两条生产线。由于此前郭锐从未接触过客车制造，领导特意将他安排到普速列车生产线，让他先熟悉客车制造的工艺和流程。

此时，身为首席技师、青岛市劳动模范、青工技能大赛冠军的郭锐，尽管拥有较高的技术水平和诸多荣誉，然而当面对新的生产环节时，他还是感到陌生。有一次，客车生产过程中遇到了难题，员工们马上想到郭锐。可是，难题始终未能得到妥善解决，这样的结果让场面十分尴尬。

郭锐回想起从技校毕业时，校长送给当年毕业生的六个字——谦虚、谨慎、勤奋。荣誉只能代表过去，现在他需要忘掉头上的光环，一切从零开始。当下他该做的，是虚心向身边的人请教业务知识，脚踏实地学习新技术，以一丝不苟、精益求精的严格标准要求自己。

凭借对机械原理、机械制造的敏锐感知，对操作原理的融会贯通，再加上几年来坚持不懈的技术积累，郭锐在工作中进步飞快。他不仅在短时间内掌握了客车制造工艺，同时也为他之后独创的"动车组转向架四点等高支撑调整作业先进操作法"奠定了基础。在不断遇到问题、解决问题的过程中，曾经对郭锐实力有所质疑的员工向他竖起了大拇指："首席就是首席，牛！"

勤奋创新是时代长盛不衰的奥秘，只有将匠心融于创新，国家发展的血脉才得以有新鲜血液不断涌入。乔纳森·艾夫曾说："对于好产品的追求是无止境的，它来自对每个细节的打磨和探究，它是基于一种将细节做到极致的欲望，是对以往的颠覆和创新。"郭锐做到了。

"大提速，我们准备好了"

在普速列车组工作三个月后，郭锐被调至动车组生产线工作。动车组生产线分总装、车体、转向架三个分厂，郭锐被安排到转向架分厂。当时，谁也没有想到郭锐会在转向架装配工作上取得非凡成就。

作为动车组生产线上的一员，郭锐深知转向架对高速列车的重要性。如果将高速列车比喻成一个奔跑的人，那么转向架就是人的两条腿，它直接影响一列高速列车能跑多快、跑多稳。一列高速列车有50多万个零部件，其中上千个零部件分布在转向架上，而上千个零部件就有上万个装配数据。转向架包括构架、轮对轴箱、齿轮箱、制动装置、驱动电机等，集承载、驱动、传动、缓冲、制动等功能于一体。因此，在整个高速列车制造领域中，转向架的技术含量是最高的。

在转向架分厂，郭锐面临的难题和挑战越来越多了。

在动车组合作项目招标活动中，四方厂凭借百年老厂的雄厚实力，中标了60列时速200公里及以上动车组合作项目，这就需要引进国外的高铁技术。国外合作方派工人到四方厂指导工人组装第一列高铁动车组时，对方只告诉四方厂具体的装配步骤，对于装配的技术原理等关键内容却只字不提，更不会提及组装原理以及可能存在的问题和解决的办法。

郭锐与同事一道对引进的陌生技术先进行理解、消化、吸收，然后尝试破解这些至关重要的技术密码，但转向架装配方面的问题还是出现了。

转向架上面有个装置名为车轮踏面清扫器，它是在列车低速运行时，用来清扫车轮与钢轨接触面上的杂物，同时对车轮踏面磨耗进行微量修复，以此保证动车组安全运行的装置。其具体的装配要求是：先将清扫器预组装在制动夹钳上，再安装到转向架上。国外合作方的工人将清扫器按要求组装完成后，进行交车试验，结果显示清扫器性能良好。但当郭锐他们按照同样的步骤操作，将其组装到转向架上并进行清扫试验时，清扫器与车轮轮缘却出现了相互"抗磨"的情况。

面对这个问题，国外合作方的工人没有给出明确的指导意见，只是表示："按流程正常安装，没有技巧。"四方厂的工人面对这种情况，只能反复试验并且寻找原因。

流程没问题，操作也没问题。那问题究竟出在哪里？郭锐开始一遍又一遍地进行车轮踏面清扫器的组装试验。

在反复试验中他发现清扫器与风管、螺栓等很多零部件组装在一起后，受力发生变化，安装角度随之出现倾斜，进而导致装配后性能不良，出现"抗磨"现象。经过反复试验和多轮分析，郭锐得出了结论：国外合作方的工人长期在这个岗位上工作，身体形成了肌肉记忆。这种技能就像打乒乓球，在某种意义上靠的是"感觉"。如果形成了良好的"感觉"，在工作中确实能够达到"目无全牛""得心应手"的境界的。

但是对于四方厂的工人来说，动车组装毕竟是个新鲜事物，他们此前根本没接触过，又何来肌肉记忆和感觉呢？再说动车组装这样细致的工作，是不可能让工人凭"感觉"进行相关操作的。于是郭锐想到了一个办法：设计一种工艺，能够提前计算出最佳的倾斜角度，然后再进行装配，以此辅助工人完成这项精准的工作。

根据这样的想法，他设计并制作了"回转式踏面清扫器安装检测工装"，问题很快得以解决，交车试验的效果非常理想。

刚解决了车轮踏面清扫器的组装问题，新的问题便陆续出现在郭锐和同事们的面前。时间一天天过去，他们咬紧牙关，逐个击破。因为他们深知，问题早一天解决，中国高铁就能早一天面世，中国高铁技术就能早一天突破局限，实现自立自强！这样的信念支撑着他们夜以继日地工作，快速又精准地解决问题。

两个多月下来，郭锐和同事们都消瘦了不少。他们每天在车间工作超过16个小时，进行了1000多次转向架装配论证试验，查阅的图纸堆起来超过2米高，工作笔记约10万字。经过不懈的努力，他们解决了工人在装配中无法解决的问题。最终，转向架装配的所有问题全部解决。

凝聚着郭锐和同事们心血的和谐号动车组精彩亮相，它不仅跑出了惊人速度，还具备提速能力。郭锐和同事们信心满满地说："大提速，我们准备好了！"

还没来得及庆祝，郭锐和同事们便趁热打铁与工艺师一起制定工艺标准、工艺文件，并编制转向架作业指导书、操作要领书、检验要领书等。拿到这些作业文件的工人们如获至宝，这是他们完成装配工作的依据，是解决问题的法宝。直到现在，这些技术资料仍是指导工人操作的必备宝典。

从"火车"到"动车"，从"动车"到"高铁"，"中国速度"得以迅猛发展，离不开像郭锐及其家人这样，执着专注、精益求精的一代代铁路人。郭锐团队便是其中的代表，这些重大成就铭刻着他们一丝不苟、追求卓越的印记。科技成就浸透着每一位高技能人才坚定的理想信念、不懈的奋斗精神以及脚踏实地的工作作风。把平凡的事做好，在平凡的岗位上干出不平凡的业绩，共同培育职业品质和劳动精神，这些精神是新时代大国发展最宝贵的精神财富。

舍小家，为大家

2007年4月18日，对中国铁路而言，是一个值得铭记的日子。

在这一天，中国铁路完成了第六次大提速。此次大提速具有重要意义。这是我国首次在各主要城市之间及繁忙干线上，同时大量开通时速200公里及以上的和谐号动车组列车。仅在当日，就有140对时速200公里及以上的"D"字头动车组列车同时亮相。

为按时实现大提速，四方厂面临着时间紧迫、任务繁重的挑战。四方厂生产线全力运转，两线同时作业。郭锐和父亲郭秀禄在各自的岗位上各司其职。郭秀禄从交车班调到总装车间，负责动车组司机室内装工作。郭秀禄是高级钳工，司机室内装工作对他来说本应是相对轻松的。可当他来到和谐号司机室时却犯难了。因为这里的空间比他想象的还要狭小，车头部分总面积只有两三平方米，工人操作的空间更局促，甚至无法直腰作业。况且工艺要求极高，间隙精度要求在毫厘之间，工人工作一会儿就会头晕眼花。郭锐作为首席技师，带领团队负责和谐号转向架关键部件的研磨工作。就在大家热火朝天地投入紧张的生产之际，传来了郭锐爷爷病倒的消息，且病情非常严重。老人已85岁高龄，郭秀禄和郭锐心急如焚。但往返老家2300多公里需要耗费大量时间，当时大家都在争分夺秒地抢工期，他们实在难以开口请假。四方厂培养他们、给他们平台、给他们荣誉，现在四方厂需要他们出力，他们必须全力以赴。最终，父子俩谁也没请假，继续工作在一线。

2007年4月3日，郭锐迎来了人生中一个幸福的时刻，他的儿子呱呱坠地。初为人父的郭锐，满心都是新生命降临的喜悦，沉浸在这为人父母的甜蜜与责任之中。那些天，他虽然忙碌却幸福地在家庭与工作之间奔波，心中暗暗发誓，一定要在工作和家庭中找到平衡，给予家人足够的陪伴。

然而，生活的节奏总是充满变数。仅仅一周后的4月10日晚，当郭锐还沉浸在初为人父的喜悦中，儿子出生刚满七天，妻子还在虚弱地休养，他接到了领导打来的电话。"郭锐，你能不能出差？"领导的声音带着几分急切与无奈。郭锐没有丝毫犹豫，斩钉截铁地回答："能，领导您说。"他深知，若非情况紧急，领导绝不会在这个时候给他布置任务。领导告知他，配属北京铁路局的动车组出现转向架故障，目前停在北京西站动车所，急需技术人员前往处理。郭锐没有丝毫犹豫，应下了任务："我今晚准备准备，明天就出发。"

挂掉电话，郭锐转身面对泪流满面的妻子，心中满是愧疚。妻子虚弱的身体和无助的眼神，让他心疼不已，他明白妻子此刻多么需要他的陪伴和照顾。但他更清楚，距离 4 月 18 日中国铁路第六次大提速仅有一周时间，每一个环节都至关重要，不容有失。他只能紧紧抱住妻子，一遍又一遍地说着"对不起"，泪水也忍不住夺眶而出。

郭锐的母亲得知儿子要在这个节骨眼儿出差，焦急地说道："媳妇和孩子我能帮你照顾，可你爷爷怎么办？你不是说忙完这几天就去看望他吗？这一去还不知道要多久，等你回来恐怕……"母亲说着说着，声音哽咽了。郭锐的心猛地一沉，他深深体会到了忠孝不能两全的痛苦。但使命在肩，他别无选择。最后，他咬咬牙，对母亲和姐姐说道："我儿子和媳妇就托付给你们了，不管我出差多久，拜托你们一定要替我照顾好他们娘儿俩！"

带着对家人的愧疚与牵挂，郭锐踏上了前往北京的旅程。

　　他知道，在这个关键时刻，他必须在家庭和工作之间做出艰难的抉择，而他选择了肩负起工作的重任，为中国铁路的大提速贡献自己的力量，也期待着完成任务后，能早日回归家庭，弥补对家人的亏欠。

　　第二天，郭锐就到了北京。

　　四月的北京，春意正浓，空气中弥漫着花香。然而，郭锐却无心欣赏京城的美景，下车便直奔北京西站动车所。动车库内，各位领导和四方厂的总工程师龚明等早已到现场。大家表情严肃，目光都盯着停在轨道上出了问题的动车组。由于转向架位于机车的底部，在修车厂通常是把机车升起来修，可现在机车在轨道上，并不具备升起来维修的条件。郭锐见状，二话不说，就俯身从转向架底下爬了进去，在仅有40厘米高的空间里仔细检查。

　　经过半个小时的检测与维修，问题找到了，并且得到了圆满解决。大家都松了一口气，纷纷对郭锐这位首席技师赞不绝口。

　　郭锐到北京的第三天，黑龙江的亲戚急切地催促郭秀禄："再不回来，就永远看不到你父亲了。"厂领导也劝说郭秀禄马上回黑龙江，工作上的事暂且放一放。

　　于是，郭秀禄匆匆赶回黑龙江，去看望病危的老父亲。郭忠树看儿子身后空无一人——孙子没来，他非常失落。这位在北大荒冰天雪地里度过了大半辈子的山东汉子，一生刚强，不惧困难，此刻却流泪了。

郭秀禄问父亲："爸，您想吃什么？要什么？"

郭忠树说："想孙子……我就想见见我孙子……"

郭秀禄只能安慰父亲："他暂时来不了，去北京出差了。"

老人含泪说道："为什么非得让我孙子去？"

郭秀禄抹了抹眼角的泪水，解释道："爸，您孙子出息了，负责火车的重要部件，出问题就得他去解决。全国人民都等着看他们造的车大提速呢！这时候千万不能出岔子，国内外好多记者都去报道了，到时候电视上也会播放。您说这么重要的事，您孙子能不去吗？咱在电视上看到您孙子造的车，就等于看到您孙子了。"

听了儿子的话，郭忠树露出了满意的笑容。是的，郭锐是他的骄傲。

这次大提速一共投运了52列和谐号动车组，其中37列是四方厂提供的，这让四方厂上下感到十分骄傲和自豪。与此同时，他们肩上的担子也更重了。郭锐负责分管转向架的检查工作，随着大提速的日子一天天临近，他细心检查车辆各个部件和各项精密尺寸数据，不时地向同事详细讲解检查要点和操作要领。郭锐以饱满的热情、昂扬的状态投入工作，这种积极的态度感染了同事。大家在称赞郭锐专业技术水平的同时，内心也受到了鼓舞，郭锐是他们的主心骨，让大家充满信心。

2007年4月18日，中国铁路第六次大提速盛大开启，和谐号动车组车身线条流畅，洁白光滑，像一条条巨龙等待腾飞。当动车组缓缓驶出库房时，欢腾的人们一齐发出激动人心的欢呼与呐喊。郭锐被挤在人群中，他比任何人更加兴奋和激动。这不仅是他个人的梦想成真，更是中国铁路发展的新里程碑，标志着中国高铁时代到来了。

和谐号动车组从北京站、上海站、广州站同时出发，满载着中国人的梦想与期望，承载着铁路人的汗水和智慧走向一个新时代。"4·18"大提速成功了！

郭锐在高铁出发后一直观看电视新闻。"与风同速""插上翅膀可以起飞"，当听到这样的评价时，郭锐的心里充满了激动和自豪。而远在黑龙江的父亲看到电视上精彩的画面时，赶忙凑近爷爷的耳边说："爸，看，您孙子造的车！"已经陷入昏迷的爷爷在那一瞬间眼睛突然有了神采，嘴角露出了一丝微笑。

此刻，青岛还有一位老人也守在电视机前，那就是郭锐的二奶奶。当和谐号漂亮的身影出现在电视机上时，二奶奶激动得流下热泪。她心系四方厂，和谐号承载着她们家祖孙三代的希望。

爷爷在电视上看到和谐号后的第三天，安详地离开了人世。郭秀禄担心影响儿子工作，没有把这个消息告诉郭锐。在爷爷入土为安的那一天，也许有心灵感应吧，郭锐的心慌得厉害，给家里打电话后才知道爷爷去世的消息。当天晚上还要加班，他不想让自己的情绪影响同事，强忍着泪水。他食不知味，眼前全是小时候爷爷带他在草地上玩耍的情景，还有爷爷拿着他做的小物件夸他时的画面……

当夜幕降临时，出征的"战友"就要回营了。郭锐和同事们一同来到站台，期待动车组归来的那一刻。忽然，一道白光闪过，人们知道那是和谐号！它平稳停靠，安全抵达站台。望向风驰电掣的动车组，郭锐感慨万千，泪水不自觉地滑落下来。

和谐号成功运行再一次证明，中国高铁事业已迈向新的台阶。然而，在这辉煌成就的背后，是无数人默默的付出。他们倾注的不只是汗水和泪水，还承受了永远无法弥补的遗憾。

⊙ 2019年，郭锐在测量轮对与构件间隙尺寸时留影

团队协作创新高

郭锐以转向架组组长的身份在北京工作3个月，主要是从事大提速及过渡期间的列车运营检查工作。这是中国铁路事业的一次重大进步，也是郭锐业务提升的关键点。

回到单位，郭锐团队一刻也没有停止前行的脚步。他们在人员不变、设备不变、场地不变的情况下，使转向架的日产量由3辆提升至8辆，这就大大地满足了纵横交错的高铁网发展的需要。

郭锐团队是如何做到的？他们首先从研制工装设备提升产能做起。

开口销是转向架上使用量较大的配件，一名工人一天要安装上千个开口销。不仅安装效率低，还容易出现螺栓螺纹被破坏、开口销扭曲变形等情况。郭锐悉心钻研，将钳工常用的扳手进行改造，设计制作出"转向架劈开口销专用扳手"。工人拿着这把扳手，在极短时间内就能安装好开口销。工作步骤简化了，生产效率提高了，还保证了螺栓螺纹以及开口销的完好无损，仅这一项改造，就为公司节省成本130余万元。

端详这把专用扳手，一个小小的细节体现出郭锐"暖心"的一面。扳手的手柄用胶带缠绕，工人握在手里非常舒适。像这样的工具，郭锐设计了几十种。

在领导和同事们的眼里，郭锐不仅仅熟知工艺流程上的各种原理，难得的是他还有自己独到的见解，他经常与同事们交流分享——哪些环节需要改进，哪些经验需要发扬。

自从和谐号动车组上线运营后，郭锐多次作为转向架专家组成员前往北京、上海、武汉等地参与售后服务工作，收集动车组转向架的反馈信息，同时还要分析故障、解决问题……他每天起早贪黑，经常工作13个小时以上，这样一干就是3个月。甚至在2007年、2008年、2009年，连续3年春节，郭锐都是在外地度过的。这段经历在郭锐心中留下了难以磨灭的记忆。

谈到这里，郭锐记忆犹新地说："记得2009年的冬天，在武汉动车所进行售后服务期间，我们20多个人在一间60平方米的检查室里等待列车入库检查。武汉冬天是没有暖气的，室内只有一台空调，而这台空调似乎也不太给力。我们北方人很不适应，确实挺遭罪的。"

其实，从2007年到2012年，他先后在转向架生产制造、组装等重要工序的工作车间担任了5年班长。他不仅要解决生产难题，还要带领同事攻坚克难、传授技术、培养人才、提报计划、同上下工序的车间班长沟通交流，分析并解决存在的问题……这是对脑力与体力的双重考验，郭锐的同事说："我们都累成啥样了，只要一蹲下来，再想站起来就不容易了。"

在这期间，郭锐也累病了。"4·18"大提速后，动车组的需求量加大，2008年1月郭锐带领大家白班夜班轮流干，郭锐从早晨6点30分上班一直干到晚上12点，晚班的人都来了他还没走。这样连续几天没休息好，郭锐就病了。看似是普通感冒，吃药坚持了两天，随后开始咳嗽，一咳嗽便呼气困难，好一会儿才能吸进一口气，去医院打了半个月的吊针才算康复。直到现在只要一咳嗽就长时间吸不进一口气，就这样落下了病根。

震惊世界的中国速度

为了迎接时速350公里的挑战，和谐号动车组装配转向架再次升级。郭锐毫不犹豫地将目光聚焦于转向架的装配精度。

现行的CRH380A动车组，是设计时速达350公里的高速列车，相比时速200公里的动车组，它的转向架轮对转速提升了近两倍，这使得对振动频率、振动载荷、路况条件等方面的要求变得更为苛刻，因此，装配质量成了研发过程中的关键问题。

郭锐带领技能团队夜以继日进行现场试制，从尺寸检测、数据分析计算、装配工艺优化、性能试验分析、装配尺寸调整等方面入手，对每一个零件、部件的装配尺寸、装配精度都进行了验证。历时一个多月的不懈努力，郭锐及其团队将拥有自主知识产权的CRH380A转向架成功组装完成，并且他们对装配工艺进行了创新、优化完善，使每列动车组转向架的装配周期从14天缩短到5天。

2010年12月3日上午11点28分，CRH380A动车组在京沪高铁枣庄至蚌埠段进行高速试验，加速，加速，加速！列车跑出了惊人的时速486.1公里。在现场直播的央视记者面对全球观众说道："2010年12月3日上午11点28分，中国新一代动车组CRH380A在京沪高铁创造了时速486.1公里世界铁路运营试验最高速。这一刻被载入史册，'中国速度'震惊世界。"

听到这个喜讯，郭锐与同事热烈鼓掌，郭锐更是热泪盈眶。他们大声喊道："我们的动车，插上翅膀就能飞。"追求完美、追求创新的责任感，是郭锐团队对于职业本身的基本要求。它像一颗种子埋在每一个队员的心里。新时代的工匠，不仅要学习先进的管理方法和知识，更要始终秉持这种追求完美、追求创新的精神，带着这种精神与热爱，去完成每一项工作，从而获得"干一行爱一行，爱一行精一行"的职业心态。

2011年6月30日，京沪高铁正式开通运营。15时，两列时尚美观的CRH380A动车组分别从北京南站和上海虹桥站相向出发，以时速300公里的速度，跨越高山大河，奔驰在祖国秀美的大地上。

第四章　复兴号全新动力

扫码解锁

◎群英颂歌◎高铁工匠
◎创新驱动◎奋斗底色

从"和谐"到"复兴"

2017年12月17日，央视节目《挑战不可能》中一个挑战项目引起了大家的关注。挑战者是全国有名的平衡大师韩遂宁，此次挑战地点选在了复兴号动车组上。挑战规则是在时速350公里的动车上搭建双层棕榈叶平衡系统。完成搭建后，挑战者需双手放开平衡系统，当高铁驶入南京长江大桥正桥时，平衡系统保持10秒钟平稳，才算挑战成功。

棕榈叶平衡在平衡项目中难度堪称最高，在静止状态下搭建单层棕榈叶平衡系统通常需要几个小时，而这次韩遂宁不仅要在短短40分钟内完成双层棕榈叶平衡系统的搭建，还把平衡起点的羽毛换成了更轻的车票，这无疑增加了挑战的难度。在挑战过程中，韩遂宁神情沉着，一根根地搭建着平衡系统。车外不时有列车会车，20多次会车对车内产生了很大冲击。场外的观众都紧张得握紧了拳头，眼睛紧紧盯着屏幕。时间一分一秒流逝，复兴号始终以时速350公里高速行驶。当列车承载着双层棕榈叶平衡系统驶入南京长江大桥正桥时，平衡系统稳稳地保持了10秒平稳状态，场外观众瞬间爆发出热烈的掌声，挑战成功！从画面中可以清晰看到，10秒过后，平衡系统依然稳稳地立在那里，纹丝未动。

参加节目的嘉宾激动地说道："复兴号是韩遂宁完成这次挑战的基石，他的挑战让我们对高铁技术飞速发展深感自豪。"韩遂宁在复兴号上，完成了世界上堪称最难的棕榈叶平衡项目。这项奇迹般的挑战，不仅让我们领略到了韩遂宁精湛的平衡技术，更让世界见证了最震撼人心、最平稳顺畅的中国速度。

鲜为人知的是，韩遂宁做平衡测试所选用的列车，就是四方厂制造的。

复兴号跑得快、跑得稳的关键就是转向架，而转向架正是由郭锐和他的同事装配的，可以说这次挑战更是对郭锐及其同事的考验。他们成功经受住了这份挑战。

中国标准动车组的转向架是我国自主设计制造的，其承载能力较之前提升了10%，满足时速350公里及以上持续高速运行，实验室安全稳定试验达到时速600公里。它配备了轮对轴温、齿轮箱轴温、转向架横向运行稳定性等全方位的安全监测系统，全方位确保动车组在运行过程中既快又稳。

2017年6月25日，位于北京西郊的北京动车段内一片欢声笑语，喜气洋洋。中国铁路总公司将在这里为标准动车组举行命名仪式。即日起，中国标准动车组被正式命名为"复兴号"。就在这一刻，复兴号动车组闪亮登场，它承载着高铁人的自豪，也承载着中华民族伟大复兴的中国梦！

2017年6月26日11时05分，两列复兴号动车组分别于北京南站和上海虹桥站双向首发，各自担当G123次和G124次高速列车值乘任务。它们像两条巨龙在人们关切的目光中冲向祖国大地。从此，中国高铁正式迈入"中国标准动车组时代"。复兴号在京沪高铁实现了时速350公里的常态化运营，我国也由此成为世界上高铁商业运营速度最快的国家，走在了世界最前列。

早年间，我国引进国外技术，与国外联合设计了多种型号的和谐号动车组。然而，由于我国地域广阔、环境复杂，引进的动车组型号相差甚远，彼此之间无法实现互联互通，这相应带来了动车检修维护复杂、零部件损耗更换成本高等问题。

当时，中国铁路总公司总工程师何华武，频繁出席国内外高铁会议、展览。他深刻地体会到：尽管我们掌握了和谐号动车组的相关技术，而且许多技术还是我们自主创新研发改进的，但由于始终是使用国外的技术平台、采用国外标准，因此进一步发展将会受到制约。

中国铁路对高速列车新车型的需求，比以往任何时期都更加迫切。中国铁路人以世界高铁技术为基础，绘制自主研发高速动车组的蓝图。

作为第一代高铁人，郭锐满怀热情地加入了中国高铁自主研发团队。为了使动车组运行兼顾安全和性能，中国标准动车组在研制的过程中，采用大量中国标准，这些标准涵盖动车组基础通用、车体、走行装置、司机室布置及设备、牵引电气、制动及供风、列车网络标准、运用维修等多个方面，达到国际先进水平。

从和谐号到复兴号，13种型号、25种转向架装配的每道工序，都深深地刻在郭锐的脑海里。这不仅是他个人的成长历程，更是他与团队共同攻克的难关。为了掌握转向架的运行数据，郭锐和同事们跟随试验列车奔赴最复杂的地质环境。在试验过程中，郭锐总是全神贯注，眼神坚定。他仔细观察每一列试验列车的运行状态，手中不断记录着数据，同时在心中迅速思考如何进一步优化转向架的设计。根据计划，他们会在不同的阶段采集整列车的运行数据，会特别关注加速、减速、转弯和刹车等关键环节的运行数据。测试期间，郭锐和团队成员紧密配合，随时调整参数，确保每一个数据都准确无误。即便是在数小时的高强度工作后，大家的脸上挂满汗水，但他们的眼中依旧闪烁着拼搏的光芒。每当列车驶过那些崎岖的轨道时，郭锐都能感受到心跳加速，那是对技术的追求与对未来的渴望交织在一起的情感。他们的努力与坚持，只为让每一列动车在未来的运行中更加安全、更加舒适。随着数据的不断积累，郭锐也越来越清晰地感受到转向架在不同环境下的表现，这些宝贵的数据为后续的设计与改进提供了坚实的依据。

新车型下线后，都要在线路上进行试验。公司挑选精兵强将组成团队开展该项工作。团队中不仅有经验丰富的技术研发人员、工艺人员、生产一线技能人才，还会与铁科院的技术人员合作。他们严格按照试验周期和相关要求，进行整列车的运行数据采集，为新型车的优化升级贡献力量。

该列车在全国的各个线路上运行，技术人员需要对车辆运行速度、加速性能、减速性能、车辆转速、轴箱温度、输出功率、制动力、制动距离、信号传输等性能参数进行数据采集。不论车辆驶向何处，处于何种条件或环境，哪怕是炎热的南方或寒冷的东北，技术工人都会和列车一起奔走在祖国大地，对车辆各种运行数据进行采集，在每一处都留下他们的足迹。在列车运行过程中，技术工人是无法中途下车的。一旦列车停下，技术人员就会对车下各部件进行检查，包括车辆悬挂部件、制动装置、各紧固件、所有的传感器，还有所有的运动部件。通过这样的检查，能够提前预防列车在后续的试验运行过程中出现的任何故障。

郭锐与团队成员聚在一起，回顾数据，总结经验。他们讨论着每个细节，从设计理念到实际操作，从数据分析到改进方向，激烈的思想碰撞让每个人都受益匪浅。郭锐深知，正是团队的力量，才让他们能够在完善技术的道路上不断前行，并且迎接一个又一个新的挑战。

2015年6月30日，我国自主研发的时速350公里"中国标准动车组"正式下线。郭锐长长地舒了一口气，只有他自己知道为了这一刻他付出了多少个不眠之夜。

如今，复兴号已经成为运输骨干，超过2亿人次的旅客乘坐复兴号穿梭在我国各大城市之间，享受着速度带来的便捷。

轴箱研制的大师

追逐梦想的道路常常荆棘密布，面对重重困难，有的人选择放弃，而有的人却选择了坚守。郭锐团队就是一个永远也不愿放弃、始终坚守的团队。他们以信仰为基石，以虔诚与敬畏之心对待工作中的每一个细节。

复兴号作为在和谐号技术平台上实现重大突破的第三代高速列车，目标是达到时速400公里以上，同时具备更强的安全性、更高的自动化程度，以及更长的使用寿命。如果说和谐号里还有引进的部件，那么复兴号则完全是中国制造的，是具有完全自主知识产权的。

新的设计给研发带来的难度也更大。比如转向架上的轴箱，和谐号的轴箱是一体式，复兴号的轴箱将设计成分体式。分体式设计要求精确度更高，内孔公差必须控制在0.04mm，这一尺寸比头发丝还细。新研发的分体式轴箱在分解、组装和维修方面都更为简单快捷。新轴箱一旦出现问题，无须像一体式轴箱那样需要全部替换，只需拆解有问题的部位，工作效率能提高十几倍。

研发工作启动后，各类核心零部件同时进入研发状态。郭锐团队遇到的困难比想象中多。当设计人员对新研发的分体式轴箱进行装配时，多次尝试，采用多种方法，却始终难以达到标准，大家急得满头大汗。郭锐知道后第一时间来到作业现场，亲自操作。在确定操作方法上没有问题后，经过进一步分析，郭锐认为影响装配精度的应该是螺栓。由于精度要求高，螺栓紧固方法对装配效果影响重大。于是郭锐决定从螺栓的紧固方法入手解决问题。轴箱上面有6个螺栓，其紧固次序组合多达720种，预紧力度组合更是不计其数，无法一一尝试。面对这一困难，郭锐没有犹豫，带领他的团队马上投入工作。他们运用排除法反复论证，奋战了两天，最终预设出90多种装配方案。随后，团队按照预设方案开始一组一组调试，经过千百次调试验证，终于找到了最佳方案。

在众人期待的目光下，郭锐团队开始装配轴箱，整个车间充满了紧张而兴奋的气氛。经过无数个日夜的辛勤付出，每个人的心跳都在加快，团队终于迎来了这个关键时刻。随着最后一个零件安装到位，结果完全符合精度标准，欢呼声瞬间爆发，整个车间沉浸在一片欢腾之中，大家不由自主地鼓起掌来，响亮的掌声如潮水般涌向郭锐和他的团队。

郭锐沉浸在成功的喜悦中，脸上挂着满足的微笑。这一刻，他觉得所有的辛劳都值得。他还没来得及摘下手套，正陶醉在这一刻的辉煌中时，设计人员兴奋地走了过来，紧紧地握住他戴着手套的手，声音颤抖而激动："咱们自己研制的轴箱终于成功了！郭大师，你又立功了！"

郭锐看着这位激动的设计人员，心中涌起一阵感动。他知道，成功的背后是无数人的努力与汗水，大家的心血汇聚在一起，才有了今天的成果。此刻，团队的团结与默契在郭锐的心中越发清晰。他轻轻拍了拍设计人员的肩膀，微笑着说："这是我们大家共同奋斗的结果，感谢你们的付出！"

周围的同事纷纷围上来，彼此击掌庆祝，笑声和欢呼声交织在一起，整个车间都因这项成果而沉浸在欢腾之中。郭锐的疲劳瞬间烟消云散，他的心中充满了成就感与自豪感。看着大家兴奋的脸庞，他深刻体会到，团队的力量是无穷的，每个人的贡献都是不可或缺的。

在这片欢庆的氛围中，郭锐开始思考下一步计划。他知道，虽然今天的成果让他们倍感振奋，但这仅仅是一个新的起点，未来还有更多的挑战等待着他们，更多的技术难题需要他们去攻克。郭锐的眼神中闪烁着坚定的光芒，他暗暗下定决心，要带领团队不断进取，争取在未来的道路上创造更多的辉煌。

当欢呼声渐渐平息，郭锐站在团队的中央，深吸一口气，语气淡然却充满力量："我们还有很多工作要做，这只是开始。让我们继续加油，努力让我们的研发成果服务更多的列车，造福更多的旅客！"这句话如同一剂强心针，重新点燃了大家的激情与斗志。

紧接着，郭锐与工艺师们迅速投入分体式轴箱的装配工艺固化工作。他们经过反复试验和讨论，将每一个细节、每一个步骤都仔细记录下来，最终将这套复杂的装配流程形成了标准化的作业规范。这样的规范不仅清晰明确，还考虑到了各个环节的操作安全性与工艺稳定性，确保员工在实际操作时能够轻松理解并严格执行。

为确保规范有效实施，随着作业规范的制定，员工们迅速开始按照这些规范进行操作，适应了新的工作流程。在他们的努力下，装配的质量与效率都有了显著提升，顺利达到装配要求。郭锐看着一线员工们熟练操作，心中无比欣慰。他知道，标准化作业不仅是保证产品质量的重要手段，更是提升团队士气与凝聚力的关键。

在复兴号动车组转向架的试制过程中，郭锐和他的团队遭遇了层出不穷的技术难题。这些难题不仅考验着他们的专业技能，更对团队凝聚力与创新能力构成了挑战。每当遇到困难，郭锐总是率先站出来，带领团队进行头脑风暴，集思广益。他鼓励大家提出各种可能的解决方案，哪怕是看似微不足道的想法，也可能成为解决问题的突破口。在他的带动下，团队凝聚力日益增强，大家齐心协力，接连攻克了各类复杂的技术难题。

经过不懈的努力，郭锐总共编制了220份作业要领书，内容涵盖从基础装配到复杂调试的各个环节。这些文档不仅为新员工的培训提供了宝贵的参考资料，也为经验丰富的员工进一步优化作业流程提供了依据。这些作业要领书逐渐形成了一套完整的工艺标准，成为同事们心目中复兴号转向架组装的必备"宝典"。

在同事们的赞誉声中，郭锐深知，这份"宝典"不仅仅是技术的积累，更是团队智慧的结晶。通过这段时间的合作与探索，他们不仅提升了自身的技术水平，更为构建中国高铁的工艺标准体系奠定了坚实的基础。郭锐和他的团队在不断创新中，逐步确立了具有中国特色的高铁工艺标准，这标志着中国高铁在全球技术竞争中占据了崭新的地位。

随着复兴号的持续推广，这些作业要领书逐渐被全国各地的高铁制造和维护单位采用，推动了整个行业的技术进步。郭锐感受到，自己为国家的高铁事业贡献了力量，他的内心充满了自豪感和使命感。在未来的日子里，郭锐和他的团队将继续努力，致力于推动中国高铁技术不断发展与创新，为实现"让高铁服务每一个人"的愿景而不懈奋斗。

复兴号动车组高速运行时，列车每秒能行驶100米，眨眼便已在百米之外。齿轮箱小轴是直接驱动车轮高速旋转的关键零部件之一，它对组装后的轴向游隙要求极高，仅有0.02毫米的调整空间。

轴向游隙的测量精度一直是生产线上的难题，依据工艺标准，工人使用扭力扳手测量轴向游隙时，需用相当于25公斤的力将小轴上提、下压，并各保持一分钟以上，重复操作8次左右。若操作力度不够精准，就会直接影响测量精度。

郭锐堪称轴向游隙测量的高手。在齿轮箱大轴游隙测量工作中，他凭借丰富的经验与钻研精神，发明了一套极为实用的专用工装。这套工装提升了轴向游隙测量的精度和效率。但郭锐不满足于目前工装的精度水平，秉持着精益求精的态度，他研究创新了一套更先进的操作方法。这个方法不仅进一步提高了转向架的装配精度，还使得复兴号运行品质实现了质的飞跃。

研磨技术的神手

工匠精神不仅是荣誉的象征，更是对每一位爱岗敬业劳动者的肯定。它贯穿于每一项工作中，尤其是体现在那些看似平凡却极为重要的细节上。

郭锐从事的转向架研磨工作，正是工匠精神的生动体现。这项工作对精准度的要求超过了一般机械操作，需要工人纯手工修整，以确保零件之间实现精密配合。

对于手工研磨技术，郭锐有自己坚定的信念："不能将我们做的配件与机器加工的配件相提并论。钳工是一门古老的传统手艺，完全靠双手进行工具磨制和配件加工，很多机器完成不了的工作，我们钳工都能完成。"在高速列车的定位臂的施工过程中，研磨技术发挥了至关重要的作用。高速列车的定位臂需要承受30吨的冲击力，同时与车轮的接触面贴合度必须达到75%以上，而这样的精准度只有通过手工研磨才能达成。但这些难题都没能难住郭锐。他拿出精心维护的工具，手指灵活地操作着，细微的金属屑从转向架表面落下，而他的眼睛始终关注着每一处微小变化。每次研磨，既是对时间的挑战，也是对自身技艺的磨砺。他深知，磨少了，无法达标；磨多了，部件可能报废。郭锐正是凭借研磨上的精湛技艺，在仅有0.05mm的微小空间里精准地完成任务，从而赢得了"研磨神手"的美誉。

基于对大型轨道交通装备产品中那些微小而精密的部件的深刻认识，郭锐不断锤炼自己的研磨技术，就是为了不断提高机械部件的契合度。郭锐深知，在中国制造业转型升级的关键阶段，工匠精神尤为重要，品质是检验产品的重要标准。因此，郭锐坚持"慢工出细活"的原则，就是要实现从"中国制造"到"中国创造"的跨越。

郭锐在研磨上付出的努力有了回报，长期的练习使他炼就了精湛的技艺。郭锐能将一张A4白纸放到手机屏幕上，打开钻床，在A4白纸上钻一个直径10mm的圆孔，完成钻孔后手机屏幕完好无损；还能用钻床在鸡蛋壳上钻十几个细密的小孔，剥掉鸡蛋壳后，鸡蛋膜完完整整。这样的绝技，郭锐都能轻松做到。郭锐坚守的正是大国工匠精神，这不仅仅是对技艺的追求，还体现了每一位劳动者对工作的认真与执着。他鼓励工人们不断打磨自己，追求卓越。每一位专注于自己岗位、精益求精的劳动者，都是这个时代的英雄。

在现代社会，工匠精神尤为珍贵。古人云，以技养身，以心养技，十年磨一剑，百回攻一关。工匠们在岁月的慢行中，以热爱对抗寂寞，雕琢岁月的光影，将光彩赋予器物，在一刀一刻中诠释对技艺的虔诚与对灵魂的坚守。匠心不是安常守故，而是在守与破、退与进、留与弃中披荆斩棘，白首不渝。

身怀绝技的"技痴"

一天凌晨4点30分，郭锐被一阵急促的电话铃声惊醒，他接起电话，就听见电话另一头传来焦急的声音："快到动车所，车上有一根速度传感器报故障，要立即更换，这列车6点就得出库去火车站运输旅客。"郭锐立马起身穿衣服，迅速出门。

当郭锐赶到动车所，准备开始工作时，突然发现今天遇到大麻烦了——现场根本没有专用测量尺。安装传感器要求顶端与齿轮保持1±0.2mm的间隙，这个间隙是在一个密闭的空间里，没有测量尺，很难保证安装的精度。当时情况非常紧急，就算回单位取工具一来一回也要2个小时以上，从接到电话到6点只有一个半小时的时间，肯定来不及了。就在大家没有办法的时候，郭锐环顾四周，发现刚拆下的传感器上面有一块防水用的泥子，灵感一闪而过。他想到，可以把泥子放在传感器顶端，通过测量泥子受压变形的情况从而测出间隙。他就地取材，说干就干。郭锐接连测了两次，最终将传感器安装到了准确位置，对讲机传来了数据传输信号正常的声音，这声音此刻听来是如此悦耳。天亮了，还差10分钟6点整。

从那天起，郭锐的车后备箱里面一直装着一个工具箱，为可能出现的问题时刻准备着。一天去洗车，洗车师傅很好奇这个工具箱，问郭锐是不是修汽车的。郭锐笑了，说："我不算是修汽车的，我是造复兴号的。"洗车师傅瞪大了眼睛，直直地看着郭锐，手上的活儿还在继续着，但是脸上的神情变得惊讶无比，说道："真带劲儿，连复兴号都能造，你真是太牛了！"郭锐连忙摆了摆手，心想，牛的不是我，牛的是中国的高铁时代！

郭锐想着，脸上浮现出幸福和骄傲的笑容。

匠心是在岁月沉淀中炼就的一身绝技。或许会解牛的人不少，但难以如庖丁般行云流水，达到登峰造极的境界。所谓"精于工，匠于心"，工匠的绝技，便是在精益求精中达到极致的。

书痴者文必工，艺痴者技必良。郭锐对技术的痴迷是常人无法做到的，他的成绩更是别人无法企及的。他6次参加青岛市职业技能比赛，4次获得第一名，2次获得第二名；3次参加山东省职业技能大赛，分别获得第一名、第二名、第三名。3次参加全国职业技能大赛，分别获得团体优胜杯、全国第六名、全国第七名。2003年获得"山东省五一劳动奖章"，那一年他才26岁。

多数人从初级工到高级技师需要12至16年的时间，郭锐只用了7年。从助理技师到全国技术能手再到享受国务院政府特殊津贴专家，郭锐只用了9年。

郭锐的荣誉是四方厂不拘一格降人才的结果，更是他个人努力的结果。他如饥似渴地学习，工作之余别人在娱乐，他都在学习。从2004年到2009年，郭锐先后到青岛职业技术学院和青岛理工大学学习并取得相应学位。理论知识丰富了他的大脑，使他在研发创新产品时思路更开阔，继而攻克了一个又一个难关。

第五章　党旗下不忘初心

代表人民传愿望

郭锐对于专业知识的了解让同事们佩服，同事们也养成了遇到困难就找郭锐的习惯。每当郭锐看到自己参与制造的列车平稳安全地行驶在铁路线上时，他和同事们总会感觉到无比欣慰，干劲儿十足。

郭锐工作出色、刻苦，受到了领导和同事们的好评和赞扬。2018年他光荣地被选为十三届全国人大代表。消息传来，郭锐感觉到无比激动和自豪，因为这是对他的赞同和认可。

2018年3月5日，郭锐来到了北京。当他作为走上"代表通道"的产业工人，站在人民大会堂中央大厅时，他内心的自豪感油然而生。他是新时代的高铁工人，这是党和人民赋予他的重任。

郭锐没想到习近平总书记会到山东代表团来。总书记来到山东厅同代表们一起讨论政府工作报告，郭锐坐在左侧，离总书记很近。代表们轮流发言，讲自己行业的发展情况。令郭锐印象最深的是听完代表们发言后总书记的讲话，讲话中讲到山东省各领域的发展情况，教育、工业、农业、贸易、水利等方方面面数据，完全脱稿而出，全在总书记的心里，如数家珍。那一刻，郭锐都惊呆了，崇敬之情油然而生。总书记日理万机却把山东的发展情况全装在心中，怎能不令人感动。会后总书记同山东代表团参会代表一一握手。当郭锐和总书记握手的那一刻，他激动地向总书记问好；总书记也亲切地向他微笑点头。"这是我终生难忘的场景。"郭锐直到现在还能回忆起当时的场面。

会议期间，郭锐还担任起青岛代表的联络员，帮助青岛代表分发材料及做其他服务性工作。采访的电话络绎不绝，他每天忙得不可开交。面对中外记者的采访，他深情地讲述中国高铁故事，讲述中国高铁领先世界的速度，讲述中国高铁工人的豪情壮志，他在为产业工人发声。在此期间，他提出了13项建议，其中有关于国家应鼓励高校毕业生充实技术工人队伍的建议，关于健全高技能人才培养、使用、评价、激励制度的建议，关于将对技术工人的表彰纳入国家级荣誉体系等建议都备受关注，这些建议在社会上引起了强烈的反响，受到了广泛的好评。

　　这是郭锐作为人大代表的职责所在，郭锐做到了，他积极地践行着自己的使命。

代表工友建言献策

　　郭锐始终认为，他作为产业工人，人民赋予他为产业工人发声的权力，这主要体现在代表广大群众建言献策上。

　　在企业和技工院校调研期间，郭锐发现有些技工院校教育资源和资金都比较紧缺，这样不利于对技能人才的培养。因此，他在2018年全国两会上提出了"大力加强技工教育扶持"的建议。郭锐在2019年全国两会上提出了"对技工院校毕业生核发相应等级学历证书"的建议。因为有很多技术工人从技校毕业后，拿的是高级技工、预备技师的职业资格，按照相关政策规定，应该享受与大专及本科学历同等的待遇，但在实际工作中很多待遇并不能完全落实。郭锐类似为工人发声的建议还有很多，这些建议都是从工人的切身利益出发，为工人着想，更是能维护工人利益。

关注培养技能人才，郭锐有自己的思考。他认为最好的教育就是符合中国发展实际与生产相结合的教育。一个孩子从小要找到自己感兴趣的点。成年人要按孩子的兴趣点来加以培养，观念成熟以后再找到适合自己从事的行业。按确定的就业方向去深入学习，而不是为了文凭去学习。

为高铁发展培养什么样的人才，是郭锐正在思考的问题。对于技术工人的发展前景，他很乐观。很多人都认为随着设备自动化水平越来越高及新设备的广泛应用，机器将代替手工操作，大批的工人将面临失业的局面。这也是很多工人担心的问题。

郭锐却认为："随着设备自动化水平提升，员工的技术水平也应该随之提升，应该由单独的操作型、维修型或设计型技工，转变为集设计、编程、操作、检测、检验、维修为一体的综合型技工。随着工业自动化、人工智能、工业互联网等技术的不断应用，中国制造不仅需要一批传统意义上的工匠，更急需一批有知识、有智慧、有情怀、有梦想的新型产业技术工人。"

因此，郭锐提倡更多的大学生、研究生等专业人才加入技术工人的队伍。他认为，高学历、应用型人才的加入如同为中国制造业输入新鲜血液，有助于突破当下面临的瓶颈问题，使中国制造享誉世界，像复兴号一样站在世界最前沿。

郭锐一直用积极乐观的态度来对待工作，对待周围的人。他用个人魅力，影响了无数年轻人，这些人在工人岗位上成长成才，专心于中国高铁事业的发展。

郭锐说："只有让技术工人为自己感到荣耀，中国制造业的明天才会更好，中国制造的品牌才会更加亮丽。"这样美好的愿景自然要依靠一大批像郭锐这样的技术人才和匠人。他们坚持不懈地创新，用实际行动展现出了创新引领、追求卓越的时代精神。

代表高铁工人去演讲

在庆祝中华人民共和国成立70周年之际，中宣部组织"时代新人说——我和祖国共成长"演讲大赛，包括"劳动筑梦、绿水青山、建党初心、强军兴军、大国重器、改革前沿、青春力量、大家小官、家国情怀、脱贫攻坚、薪火相传"等主题，其中"大国重器"主题赛由国务院国资委承办。

郭锐接到集团的通知，要他代表高铁工人参加演讲比赛。这一消息让郭锐喜忧参半。他欣喜于有机会把身边奋战在一线的高铁工人的故事讲给大家听，让更多的人了解新一代高铁工人的精神面貌；但同时也担忧自己在演讲方面不擅长，生怕讲不好，内心忐忑不安。对他来说演讲比攻克技术难题更具挑战性。然而他骨子里那种"永不放弃，勇争第一"的劲头最终战胜了恐惧，他决定迎难而上。此刻，"如何在短时间内提高演讲水平"成了郭锐要攻克的下一个难题。

　　那一阵子，郭锐几乎茶饭不思，总是对稿子不满意，自己讲得也不好，比研发一个零部件还难。为了写好这篇稿子，公司企业文化部部长亲自指导并帮郭锐修改。时间一天天过去，稿子一直在修改中。在这期间正赶上郭锐在济南参加山东省的人大会议，他白天开会，晚上才能背稿子。再加上郭锐对稿子的要求又高，所以他每天都在反复修改中度过。会议一结束他马上去了北京参加初赛，幸运的是抽签时抽到了最后一场。这又多给了郭锐一天时间准备。经过初赛，郭锐获得了半决赛的资格。

　　面对演讲现场的一系列展画——"中国设计、中国血统、中国完全自主知识产权"的复兴号，郭锐内心十分激动。他说：

　　我们知道太行山中凌晨3点的夜有多黑，也感受过高原上的紫外线有多强烈，我们忘不了沙漠里被热浪烘烤的眩晕和窒息，也经历过零下40摄氏度寒风刺骨的痛。苦吗？苦！但是我们完成了世界上最长的线路试验，拿到了最丰富、最翔实的试验数据，这些数据是无价之宝！它让我们充满自豪，它让我们坚定信念，它让我们无怨无悔，它让我们世界领先！

决赛前夕，郭锐和同事们又对稿子进行反复修改。为了在决赛中发挥出最佳状态，郭锐白天上班抽时间背稿子，晚上回家后也抓紧每分每秒练习。在此期间公司找到青岛市演讲协会主席侯希平老师为郭锐进行指导。

郭锐最终不负众望，以优异成绩一举斩获"大国重器"主题演讲比赛金奖第一名。随后他又在全国演讲大赛中脱颖而出，荣获第十六名的好成绩。

比赛后，郭锐回到工作单位。单位的同事们都纷纷向他祝贺，夸赞他的语言才能。单位的领导也给出极高的评价，作为高铁工人的楷模，他当之无愧。郭锐深知，一个人总是活在掌声里面是危险的。面对这些赞扬，郭锐只是淡然一笑，之后接着忙自己的工作去了。他又一次挑战自己成功了。

"择一事终一生，不为繁华易匠心。"郭锐就是这样，在失败中总结经验教训，在成功中创新成果，他相信只要坚持不懈，终会取得成功。

⊙ 2019年，郭锐参加"大国重器"主题演讲大赛时留影

代表匠师说使命

2020年11月24日上午，全国劳动模范和先进工作者表彰大会在北京人民大会堂隆重举行。习近平总书记出席大会并发表重要讲话。全国劳动模范和先进工作者们认真聆听习近平总书记的讲话，这既是来自党和国家的认可，也是一种鼓励。习近平总书记指出：大力弘扬劳模精神、劳动精神、工匠精神……劳模精神、劳动精神、工匠精神是以爱国主义为核心的民族精神和以改革创新为核心的时代精神的生动体现，是鼓舞全党全国各族人民风雨无阻、勇敢前进的强大精神动力。

习近平总书记的讲话让郭锐感受很深，引发了他深入的思考。郭锐认为：劳模精神、劳动精神及工匠精神无论对于从事何种工作的人而言，都体现着无目的性和有目的性相结合。无目的性是说不以成为劳模为目标，在平凡的工作岗位上，兢兢业业，脚踏实地，刻苦钻研，然后自然而然地成为劳模。有目的性是说工作前就设定预期的目标，努力达成目标。这是郭锐对这三种精神的理解。

这次大会对郭锐来说是鼓舞更是激励，习近平总书记在大会上的讲话中表示："这次受到表彰的全国劳动模范和先进工作者，是千千万万奋斗在各行各业劳动群众中的杰出代表。他们在平凡的岗位上创造了不平凡的业绩，以实际行动诠释了中国人民具有的伟大创造精神、伟大奋斗精神、伟大团结精神、伟大梦想精神。""光荣属于劳动者，幸福属于劳动者。我国工人阶级和广大劳动群众要更加紧密地团结在党中央周围，勤于创造、勇于奋斗，努力在全面建设社会主义现代化国家新征程上创造新的时代辉煌、铸就新的历史伟业！"这些话让郭锐热血沸腾，心中的激动情绪久久难以平息。他暗下决心，在今后的工作中绝不满足于已有的成就，而是要牢记党和国家的重托，明确目标，发扬工匠精神，努力为中国高铁事业贡献自己的力量。

"工匠精神"在郭锐的心中逐渐形成了一种信念。他明白，真正的工匠，依靠的是对技术的传承与钻研，对工作的专注与坚持。每一次施工，每一个细节，他都认真对待。只有认真，才能把事情做对；只有用心，才能把事情做到完美。郭锐想起自己参与的高铁项目，困难和挑战接踵而至，但他始终追求卓越。每当面对复杂的技术难题时，他都会想起那些默默奉献的前辈们，他们用无私的精神和严谨的态度，推动着中国高铁快速发展。

将每一项工作都视作璞玉，精心雕琢，心中充满热情，这才是真正的工匠。郭锐深知，要在平凡的岗位上创造出不平凡的成就，就得立志成为一名工匠，热爱自己的职业，潜心钻研，追求卓越。每当他看到列车在轨道上飞驰而过，心中便充满自豪。他的工作，不仅关乎个人的职业生涯，更与国家的未来和人民的福祉息息相关。

他意识到，在这个时代，许多人过于浮躁，常常满足于"差不多"。但他深知，随着时间的推移，当他们回顾自己的工作时，就会发现那些曾经的急功近利只会留下遗憾，唯有持续努力与专注，才能收获真正的成功。工匠精神，不仅仅是认真细致，更是对工作的执着坚守，是一种责任感，是对社会的承诺。

因此，郭锐决心大力践行和弘扬工匠精神。他要将精益求精、严谨、耐心、专注、坚持与敬业等品质，内化为个人素养，努力成为高铁建设中的一名优秀工匠。他明白，在这个快

⊙ 2020年，郭锐参加全国劳动模范和先进工作者表彰大会时留影

速发展的时代，自己虽然无法改变发展的节奏，但能做到的是像匠人一样，坚守初心，持之以恒。对于每一个细节、每一项任务，他都倾尽全力，力求做到最好。他的努力，不仅是为了自身职业生涯发展，更是为了推动中国高铁事业不断前进，为国家的建设贡献自己的力量。

郭锐心中满是对未来的憧憬，他期望在今后的工作中，带动更多人一同发扬工匠精神，共同为中国高铁辉煌的明天拼搏奋斗。

怀匠心，传薪火

郭锐不忘初心，不满足于提升个人能力，他要和他的团队为中国高铁发展培养一支具有工匠精神的高技能人才队伍。他们先后对公司新进员工、一线操作员工、技能鉴定员工、竞赛参赛选手、核心技能人才，以及新入职的硕士研究生、本科生等群体，开展了67场次培训，累计培训授课时长达到580课时。

在人才培养方面，郭锐是非常认真的。他认为："应该通过师带徒的方式，进行人格传递、精神传递、技能传递和文化传递，使企业精神真正传承下去。"郭锐认为这是一名"老工人"的责任和使命。

在中车青岛四方机车车辆股份有限公司构建的"金字塔"式带徒弟体系中，郭锐这样的首席技能专家会带高级技师、资深专家和中车专家级别的徒弟，高级技师再带技术层级比他们低的徒弟，以此类推，通过辐射作用，在最短时间内培养出更多优秀人才。从新员工中招收徒弟，从"零"开始培养，是郭锐的另一个培养思路。

郭锐对徒弟的选拔十分严格，每次都是亲自挑选，而且还有几点要求：第一，能吃苦耐劳；第二，钳工技术能力要强；第三，逻辑思维能力强；第四，写字认真。

之所以有这四点要求，都是有原因的。郭锐这样解释，首先，吃苦耐劳是一个人成才的必要条件，只有能吃苦的人才能坚持到最后；其次，钳工技术能力强，领悟师傅传授的知识就快；再次，逻辑思维能力强的人分析问题有条理，成长空间大；最后，写字认真的人做事往往也认真。

工匠精神不仅意味着要在技艺上要精益求精，更意味着在处世心态上要淡泊自守。工匠作为社会中的人，却不被社会所沾染。在郭锐的世界里，只有自己的双手，永远可以改进的转向架，以及完成作品后的一点儿欣慰和一点儿遗憾。俗世的功名利禄诱惑不了他，因为这淡泊自守来源于郭锐内心真挚的热爱。一盏枯灯一刻刀，一把标尺一把锉，构成了一个匠人的全部世界。他真正做到了"在衰落遗失的边缘坚守，在快捷功利的繁荣里坚持"。

郭锐对自己的徒弟非常用心,在郭锐的教导之下,徒弟们也非常优秀。郭锐所带的30多个徒弟中,有28人成为工人高级技师、技师,其中13人被聘为中车核心技能人才,分布在转向架装配的各个岗位。郭锐用他对高铁的爱壮大了技术人才队伍。

有很多年轻人进到厂里不久就感觉当工人累,工作十分辛苦,没有前途。郭锐常和年轻人说,不要怕辛苦,只有学好技术才能成就自己,才能取得成功。

郭锐将自己的经历讲给刚参加工作的年轻人听,何守镇就是其中一员。他2010年进入四方厂,深受郭锐的影响。

何守镇出生于农村,读高中时是学习成绩比较不错的学生,但是因为高考失利,只能上"二本"。由于家里经济条件不好,他只能放弃上大学的机会,去技校读书。他在学校里,经常能看见宣传栏中郭锐的照片,学校也大力宣传郭锐的事迹。他对这位前辈充满敬意,因为郭锐的事迹让他感觉自己的未来充满了希望,成才并非只有上大学一条路。郭锐是何守镇的榜样。

到四方厂工作以后,他近距离接触到了郭锐。在详细了解郭锐的成长经历以后,他更明确了自己的奋斗目标:要成为郭锐那样的技师，用自己的双手加工出高精密的产品，排除机车上出现的故障。榜样的力量是无穷的，他踏踏实实地学习，苦练基本功。他深知，要炼就郭锐那样的技术，就要先学习他吃苦耐劳的优秀品质。他的努力，工友们都看在眼里，大家都喜欢这个吃苦耐劳的年轻人。他的进步有目共睹，郭锐也认为，这是个好学生，不仅聪明，而且刻苦。短短几年，何守镇就成长为工人高级技师。更令他骄傲的是，他是郭锐的徒弟。在高速列车的生产制造过程中，何守镇在师傅的引领下，充分发挥自身作用，找准了自己的定位。

此外，郭锐带徒弟绑铁丝的事儿也让大家印象深刻。

绑铁丝是钳工的基本功，徒弟何守镇在技校时就参加过学生组大赛，最后名次不错。所以当师傅考他绑铁丝时，他胸有成竹地快速捆绑完毕，站起来等着师傅表扬。没想到郭锐走上前只看了一眼，说："不行，不合格。捆绑的方法、角度、力道都不对。"何守镇嘴上没吭声，心里却很不是滋味。郭锐演示了一遍，熟练的技巧、完美的构造、精准的力道，让何守镇心服口服。

郭锐告诉何守镇："高速列车运行时，震动特别大，一根铁丝捆绑不到位，一根螺栓没拧好，就可能造成列车颠覆的严重后果，决不能掉以轻心。"这段话让何守镇记忆犹新，他深刻理解了学无止境的道理。他自以为的"不错"其实离精品还差很远。从此认真干活儿成为他的头等大事。

时至今日，何守镇依旧把这个故事讲给想要了解郭锐的人听。

优秀的徒弟也有让师傅为难的时候。"徒弟太优秀了，操心的事也挺多。"郭锐笑道。他曾经带了三个非常优秀的徒弟，遇到公司、市、省、国家级职业技能比赛时，郭锐就犯愁。他们三个水平不相上下。大多数的比赛只给两个指标，只能派两名选手参加，而且每届比赛的间隔时间很长，例如省部级职业技能比赛六年才举办一次，徒弟们都想在身体素质最佳、反应能力最强的时候参赛。

郭锐想到了一个好主意，通过内部比赛来确定谁参赛。内部比赛很正式。三位徒弟将通过理论、实作两项比出前两名，参加本次大赛。没能参加此次比赛的徒弟优先参加其他职业技能比赛。

"这个办法让每个徒弟都有机会参赛，每个人都能在大赛中得到锻炼、提升。以此类推，员工们的整体技能水平就提升了。"郭锐说，"一开始，我想办法提高年轻人学技术的热情。等到年轻人成长起来，就引导他们通过技术为企业创造效益，最终实现科技报国、技能报国的职业理想。"郭锐的"为师之道"充满了智慧和技巧。

郭锐对徒弟工作上要求严格，生活上也很照顾他们。他记得妈妈常说的一句话：不要在别人富裕的时候去帮助别人，要在别人有困难的时候去帮助他。锦上添花的事少做，雪中送炭的事多做。郭锐也确实是这样做的。他对徒弟的关心事无巨细。有的徒弟是农村来的，买婚房钱不够，郭锐毫不犹豫借钱给徒弟，啥时候有钱啥时候还，没钱就先欠着。徒弟的父母来看病，郭锐就帮忙联系医院找医生。徒弟家庭闹矛盾他也出面调解，他是把徒弟当亲人对待的。

郭锐在身体力行的传承中积蓄着一种力量，培育出以勤勉、谨慎、谦逊为要旨的工作品质——"匠心铸匠魂"。正是无数个拥有这样品质的工匠推动了中国制造的迅猛发展。

⊙ 郭锐（左）和徒弟何守镇探讨试件加工技巧时留影

创建工作室，合作攻关

树立远大目标，要从身边的小事做起。责任，是自己对自己的要求，是他人寄予的希望，社会托付的使命，是孟子的"以天下为己任"，是范仲淹的"先天下之忧而忧，后天下之乐而乐"。

"郭锐创新工作室"在筹建之初就树立起"责任在我"这面旗帜，目的是为中国铁路事业尽一份责任。

"郭锐创新工作室"成立于2012年，是行业内首批成立的工作室之一。工作室自成立以来，一直紧紧围绕高速动车组、市域动车组、城轨地铁等车辆转向架制造技术，组织开展技能创新、难题攻关、成果转化、培训带徒、技能人才培养等工作。工作室成员有高技能人才420人，其中，中车首席技能专家4人，中车资深技能专家28人，中车技能专家30人，公司技能专家155人，在聘技师、高级技师266人。现有工作室骨干成员30人。工作室开设创新空间，针对转向架工种技能人才分布情况，分设钳工专业、焊接专业、加工专业、维修专业四个专业组。工作室还开设特色空间，如"钳工技能创新空间""焊接技能创新空间""加工技能创新空间"三个创新区，解决了工作室各专业组的分散问题，同时在技能传承、精神培育、人才聚集和协同创新方面更加紧密。

工作室服务于生产，以生产现场为导向，在新产品研制、新工艺制定等方面，组织高技能人才全面参与工艺评定、首件试制、首件鉴定等工作。组织高技能人才编制作业要领书，并组织开展作业要领书固化及专项培训工作，规范全体员工标准化作业，通过发挥高技能人才先锋作用，持续提升员工操作技能水平，保证转向架产品制造质量。

工作室组织开展以解决班组生产技术难题为主线的揭榜攻关活动，按月收集各班组存在的技术难题，组织技能专家、高技能人才、工艺师实施"揭榜攻关""结对攻关"活动。借助公司网络信息平台，从2014年开始，工作室在高技能人才创新攻关、解决难题、带徒传技、技术交流、成果转化、选拔培养高技能人才等方面发挥了积极作用。为分厂420名高技能人才建立个人成长档案库，技能人才评价实现无纸化办公，高技能人才可通过共享空间、网络信息系统提报各类技能创新成果，每个高技能人才都可进入"共享空间"查阅相关资料。

郭锐创新工作室先后完成公司级各类攻关课题545项，劳模工作室创新成果264项，解决现场技术难题650多个，改善提案2566项，编制作业要领书1162份，获得国家专利授权63项。工作室现有全国劳动模范1名，全国五一劳动奖章获得者2人，全国技术能手4名，享受国务院政府特殊津贴专家4人，齐鲁首席技师8名，获得省、市技术能手、拔尖人才技能工人先锋等荣誉称号40多人。工作室成员在国际焊接技能大赛、全国职工职业技能大赛、省市职业技能大赛、中车职业技能大赛中均取得过优异成绩。

2019年年底，郭锐工作室成为国家级技能大师工作室。

2020年，郭锐创新工作室成功承接中车劳模和先进集体表彰大会的劳模团等多个单位、团体的参观、调研、采访等活动，工作室现有9名核心成员被聘任为青岛市技师学院、平度市技师学院、青岛职业技术学院等学校特聘专家，并以特聘专家身份参与开展校企合作的培训授课工作。

郭锐创新工作室有10名成员担任中车职业技能等级认定专家评委，在青岛市技师学院车辆工程学院负责担任理论、实作

⊙ 2021年，郭锐（左四）在工作室指导徒弟们开展创新攻关活动时留影

培训指导老师。工作室目前有12位成员参加了中国中车第二批1+X证书开发工作，与中车其他子公司技能专家、技术专家、中车大学学者共同开发《高速动车组转向架检修与装配》《高速动车组制动系统检修与装配》《轨道交通装备智能产线建设与运维》等10项职业技能等级证书及鉴定教材编制工作。

2021年2月23日，郭锐创新工作室被中华全国总工会命名为"全国示范性劳模和工匠人才创新工作室"。

不慕名利，才能不计得失，才能禁得住诱惑。郭锐始终把更多的心思和精力投入工作，正是这种专注和执着的工匠精神，让他能够取得如今这样的成就。

第六章　新时代大国工匠

扫码解锁

◉群英颂歌◉高铁工匠
◉创新驱动◉奋斗底色

第一次母校宣讲

在纷扰浮嚣的尘世中沉淀，在坚守初心的路途上精进，匠心自含风骨，匠人自有风度。云山苍苍，江水泱泱，匠人之风，山高水长。

在中国广西默默支教多年的德国人卢安克在接受采访时说过这样一段话："有些人一辈子都在做着自己完全提不起兴趣的工作，然后用从工作中赚取的钱去消费，以此获得片刻的快乐；但我不是，我直接从我的工作中得到快乐。"

热爱本职工作是一件多么重要的事。郭锐希望更多的人能在工作岗位上快乐地工作。所以，当母校青岛职业技术学院邀请他参加"劳模大讲堂"之工匠精神主题讲座活动时，他欣然接受。

2021年11月21日下午，郭锐在线上为母校的学生们进行宣讲。他看到屏幕后面那一双双渴求知识的眼睛，和当年要学钳工的自己一样。所以郭锐围绕"弘扬劳模精神，做新时代的奋斗者"这一主题展开讲座。他以饱满的热情为学生们讲述自己的求学之路，讲工作中的酸甜苦辣，讲成为劳动模范的心路历程。

郭锐说，人生就是一个奋斗的过程，要在有限的生命里，创造更多的价值，为世人留下些什么。青年人要确定奋斗目标，一切皆有可能。作为一个工人，一定要传承劳模精神、劳动精神、工匠精神。

他认为"劳模精神"应该包含三个方面的内容：首先要"爱岗敬业，争创一流"，要热爱和尊重自己的本职工作，力争做到最好。正如在自主研发复兴号时，郭锐团队的目标就是要造一流的动车，结果他们做到了——时速350公里的动车组，使我国成为世界上高铁商业运营速度最快的国家。其次要"艰苦奋斗，勇于创新"，攻克一道道难关是艰苦的，要有坚忍不拔的意志，坚持到最后胜利。要善于创新，勇于创新，大胆尝试，才能突破现状。最后要"淡泊名利，甘于奉献"，一个功利心太重的人不会走太远，也不能成大事。只有淡泊名利，不计个人得失，才能没有包袱全心全意地投入工作，并在工作中获得快乐。要有奉献精神，不斤斤计较，和同事分享成果，共同进步。他鼓励学生们努力学习科学知识和专业技能，锤炼过硬的本领，将来应用到工作中，为中华民族伟大复兴贡献自己的一份力量。

工匠精神就是不仅仅把工作当作赚钱的工具，还要培养自己对所做的工作、所生产的产品精雕细琢、不断创新的态度。工匠通过工作获得金钱，但工匠从不只为钱而工作。工匠把自己的一生奉献给一门职业，埋头苦干，孜孜不倦，精益求精，视工作为修行，视品质如生命。将毕生岁月奉献给一门手艺、一项事业、一种信仰，这就是工匠精神最纯粹的体现。

讲座结束后，郭锐和学生代表进行交流，学生代表们表示，听了讲座很受鼓舞，决心用劳动模范的崇高精神和高尚品格鞭策自己，以大国工匠为奋斗目标努力学习，为进入工作岗位做好准备。

"器物有形，匠心无界"。一个时代有一个时代的气质，我们这个时代会以怎样的面貌被历史书写，将取决于我们每个人的表现。也许匠心不如太阳光芒万丈，但也要似繁星点点辉映夜空。《卫风·淇奥》云："如切如磋，如琢如磨。"常怀大国匠心，方成大国匠人。

随着郭锐的名气不断变大，他的事迹登上了厂报、厂电视新闻。母校也将他作为优秀学生进行宣传，宣传栏内张贴郭锐的大幅照片及先进事迹，还邀请他回母校任教。大家都说当老师好，不仅受人尊敬还有令人羡慕的寒假暑假，但郭锐直接拒绝了。他心里清楚，这份"清闲"又受人尊敬的工作并不是他想要的，他没忘记少年时期的梦想，也没有因为自己暂时获得的荣誉而停下前进的脚步，他要不断地努力，不断地进步。

郭锐的匠心意识不断增强，他始终秉持着一颗甘于奉献的心，执着坚守，对制造业倾尽一生。这就是"工匠精神"的底色。有一则热评是这样描述的，问："何为工匠精神？"答："在其位，尽其职。"问："可否具体？"答："殚其神，兴其业。"问："可否再具体？"答："择一事，终一生。"

迟到的开学典礼

2022年年初，郭锐收到了中国劳动关系学院的录取通知书。他很激动，急忙和家人分享这个消息。家人听到这个消息后，也都为他感到高兴。然而，因为要参加十三届全国人大五次会议，郭锐没能及时去学院报到，错过了开学典礼。对此，郭锐一直感到非常遗憾。幸亏郭锐的新同学通过微信把开学典礼的视频分享给了他，隔着屏幕他都能感受到大家的快乐和幸福，以及对学校的喜爱之情。同学告诉他："大家都期盼你能早点儿到校呢！"郭锐被这种热情感染，心里也非常想快点到校和大家见面。

大会一结束，郭锐立刻到中国劳动关系学院报到。虽然很疲惫，但是他浑身上下充满了热情。踏入校门的那一刻，郭锐便感受到了老师和同学们的热情。这些来自五湖四海的同学们，都是各个领域的劳动模范和杰出代表。他们有着共同的理想和目标，那就是掌握新知识、开拓新思路、交流新经验、创造新业绩、成就新梦想。

郭锐将在这里安下心来系统地学习两年半的时间。接下来，郭锐将根据学院的课程安排认真学习，为以后的实践应用提供理论支持。他很久没有这样的感觉了，除新鲜感以外，更高兴的是找到了提升能力和技能的"充电器"。

郭锐谈能在中国劳动关系学院学习时说：

我以全国劳模的身份来到中国劳动关系学院学习，这是党和工会组织对劳模群体的一种褒奖，更是对劳模群体做出新贡献、建功新时代的一种肯定。在收获新知识的同时，我充分认识到新时代劳动模范要肩负起更多的责任和使命。在今后的工作中，我将一如既往地做到三个"坚守"。一是坚守"学习"之心，不断汲取新的营养，努力提升自身理论知识水平和创新能力，为"中国制造迈向中国创造""高端装备制造＋人工智能"等领域的发展做出新贡献。二是坚守"匠人"初心，不断传承工匠精神，永不停止对专业技能的探索和对产品极致的追求，以怀匠心、铸匠魂、守匠情、践匠行的责任担当，为中国制造高质量发展贡献力量。三是坚守"感恩"之心，不断反哺企业、社会，发挥劳模和技能人才的引领示范作用，广泛组织开展岗位练兵、创新攻关、技能竞赛、人才培养、成果转化等活动，为企业创造更大价值，为社会做出更多贡献，以创新有我、创造有我、奋斗有我的精神，带动身边更多的产业工人学技术、练技能、强本领，争做新时代的奋斗者！

通过学习，郭锐深刻意识到三个"坚守"的重要性。当他从学校毕业再次回归工作岗位时，他除了将所学的知识运用到工作中，同时也鼓励和带动身边更多的产业工人从书本中学习知识技能和提升思想境界。

在郭锐看来，学校主要进行应用型教学，接受新产品、新技术的机会少，大多是对现有的理论知识和实际操作的传授。而在工厂，设备、技术、工艺更新快，要想解决一个又一个难题，首先要把所学的知识理解吃透，然后在实践过程中加以应用。只要思想保持创新状态，技术永远都会处在领先的位置。

第一代高铁人

郭锐觉得自己很幸运，幸运的是自己能成为中国第一代高铁人。自己人生中最美好的青春年华和中国高铁快速发展的十几年重合，他更感谢国家、公司有这么好的平台让他得到历练。

2022年，在五一国际劳动节来临之际，习近平总书记给首届大国工匠创新交流大会致贺信。郭锐作为中国劳动关系学院2022级劳模本科班学员，代表全国劳模、工匠发言。

郭锐说自己见证了中国轨道交通行业的发展历程，更亲身参与了从绿皮车到和谐号的转型，再到复兴号的飞跃。我国高铁从无到有，从引进、消化、吸收再创新到自主创新，中国中车始终肩负着振兴国家高端装备制造业的使命，承载着中国高铁走向世界的梦想。自己能成为中国第一代高铁工人，为能参与国家重大战略而感到无比光荣与自豪。

自党的十八大以来，国家高度重视高技能人才队伍建设。在中华全国总工会的大力推动下，技能人才的社会地位得到前所未有的提升。全社会尊重技能人才、关爱技能人才的氛围越发浓厚。技能人才评价体系不断完善，技能人才薪酬分配制度逐步健全。中国中车始终把高技能人才培养建设作为重中之重，大力弘扬"劳动光荣，技能宝贵，创造伟大"的时代风尚，培养造就了一支"甘于坚守平凡岗位，善于总结工作经验，乐于奉献培养技工，勇于追求产品极致，敢于创新攻克难关"的技能领军人才队伍。

一个好的时代培养和造就了一批高素质的技术工人。通过在中国劳动关系学院的学习，郭锐收获了新知识，也充分认识到新时代劳动模范要肩负起更多的责任和使命，争做新时代的奋斗者。

2022年10月22日，中国共产党第二十次全国代表大会胜利闭幕。当天晚上，履行完代表职责的郭锐来到了北京南站，他

⊙ 2022年，郭锐参加中国共产党第二十次全国代表大会时留影

准备乘坐复兴号动车组返回公司，回到他热爱的转向架生产线。

站在火车站站台上，他的脑海中浮现出一组照片，那是他在厂志里看到的资料图片，拍摄的是20世纪初修建胶济铁路四方机厂的场景。照片上穿着西装、戴着礼帽的德国工程师正在指挥中国劳工干活儿，一脸得意，而中国劳工满脸沧桑，这强烈的对比令人心酸且难以忘怀。这个画面深深地印在他的脑海里。现如今，复兴号跑出了风一样的速度，外国专家来工厂参观，被我国在这么短的时间内研制出的新工艺、新方法所震惊。甚至有的人还问道："我可不可以拍照？"

此刻，让郭锐热泪盈眶的，是长期的奋战攻克难关后，同事们簇拥着他发出的欢呼声；是徒弟获奖后从赛场飞奔出来，张开双臂扑向他的那一刻；是站在人民大会堂对中外记者讲述中国高铁人故事时的豪情；是奶奶拉着他不停地称赞："以前你爸爸回趟老家要50多个小时，现在只用10多个小时，还是咱们厂造的车好啊"；是妈妈读着他获奖证书时，脸上洋溢的幸福笑容；是儿子坐上复兴号去北京时，骄傲且兴奋地大喊："这车是我爸造的"；是妻子拿着他的奖杯时，一脸的骄傲神情。为祖国造最好的车，从踏进技校那天起，郭锐就为了这个初心和梦想不断努力，不停奋斗，而今，他的梦想在复兴号上绽放了。

目前，郭锐团队装配的2200多辆列车，已安全运营了30多亿公里，这里程数相当于绕地球7万多圈。继复兴号取得辉煌成果后，又传来一个好消息——时速600公里的高速磁悬浮列车试验车已经试跑成功。郭锐和他的团队备受鼓舞，他们要再接再厉，向高铁的新速度奋勇迈进。

温柔依托坚实后盾

未觉池塘春草梦，阶前梧叶已秋声。

郭锐投身动车制造20多年，家人对他的鼓励和陪伴是他不断砥砺前行的最大动力。郭锐的妻子是四方厂厂医院的一名护士。两人于2002年相识，郭锐对这个温柔善良的女孩一见钟情。2005年，他们步入婚姻的殿堂。婚后郭锐全身心投入工作，家中的大事小情都落在妻子柔弱的肩膀上。护士的工作原本就繁重，要三班倒，她不仅要照顾老人，还要操持家务。为了不让郭锐分心，家中诸如换灯泡、通下水道等琐事，她从不让郭锐插手。她知道一个人的精力是有限的，当她看到郭锐时常拖着疲惫的身躯回到家里，便觉得自己做好后勤工作，就是对郭锐最大的支持。

2006年妻子怀孕了，郭锐高兴啊，自己要当爸爸了。郭锐想好好照顾妻子，可厂里的工作又处在研发阶段。他分身乏术，最终还是一头扎进了工作。这时单位又派郭锐参加山东省振兴杯技能大赛。出发前一天，郭锐突然高烧到39.2摄氏度。妻子怀着身孕，带着郭锐去医院打吊针，一直忙到深夜。郭锐满是愧疚地说："你看我，不能帮你的忙还给你添乱。"妻子说："烧成这样了还客气啥。咱别参赛了，你这个状态我不放心。"郭锐坚定地说："我必须去，我是代表青岛市参赛，不去会影响团体成绩。"第二天早晨烧退了，妻子又给他打了一针，包好药，千叮咛万嘱咐，让他照顾好自己。在妻子担心的目光中，他出发了。下了火车到达宾馆，他准备吃药时发现妻子给他留了一封信，信中详细写明了药品的服用方法、药量、注意事项等。满满的关爱跃然纸上，让郭锐心中一暖。

郭锐暗下决心，一定要取得好成绩，让妻子高兴高兴。比赛结果出来了，郭锐荣获山东省振兴杯技能大赛钳工第二名。

他第一时间给妻子打去电话，告诉她这个好消息。听到妻子兴奋又哽咽的声音时，郭锐的眼眶也红了。家有贤妻，夫复何求？

2009年过年期间，郭锐接到紧急任务，需要他去武汉出差，这一去就是三个月。其间与家里联系，妻子总是说一切都好、不用惦记家里、安心忙你的工作。等出差回到家母亲才告诉他，那段时间流感太严重，孩子和父母先后得了流感，发高烧去医院打针治疗，一折腾就是半个多月。妻子每天既要上班，还要照顾孩子、照顾老人，真不知道妻子是怎么熬过来的。类似的事儿还有很多。

郭锐觉得最对不起妻子的，是在她怀孕期间没有好好照顾她，让她独自承担怀孕后身心的双重压力。别人家的媳妇怀孕时都得到了很好的照顾，全家围着转。而郭锐不但不能陪在妻子身边，连家都不能天天回，时常连轴转加班住在单位。在郭锐看来，妻子嫁给自己是受了委屈的，他打心底里心疼妻子。

郭锐的姐姐郭鑫也是四方厂的员工，后来辞职自己开了一家家具店，时间相对自由一些。郭锐的父母还有妻儿，平日里多亏姐姐、姐夫的照顾了。郭锐说："姐姐对我的帮助非常大，尽管姐姐只比我大一岁，但她做了很多原本应该由我做的

⊙ 郭锐和妻子的合影

事。我结婚的房子是姐姐装修的，装修材料的钱、工人的工费，这些开销都是姐姐支付的，我就去看看需不需要改动，其他什么也不管。我父母的房子也是姐姐装修的。当时姐姐的小孩只有几个月大，还在吃奶，她就跑市场买材料。包括我现在住的房子也是姐姐装修的。"家里的大事小事都是家人在做，郭锐做得很少。

父亲的胆囊手术从开始检查到术后护理，都是姐姐负责，郭锐护理了一晚上单位就有事了，是姐夫来医院替的他。姐姐照顾家里事无巨细，郭锐能有今天的成功也离不开她的帮助。

郭锐的母亲像天下所有的母亲一样，为孩子无私地奉献。孩子们从牙牙学语到蹒跚学步，从上学到工作都有母亲在背后默默地支持。郭锐说："从我记事起就是妈妈做饭，一直到现在妈妈70岁了，买菜做饭的一直是妈妈，刷碗是爸爸的活儿。接送孩子的活儿在爸爸退休后也由他承担了。"

在郭锐的心中，家人不仅是他生活的支柱，更是他追求梦想的动力。他知道，无论工作多么繁忙，家人的支持与理解始终是他不断前行的动力。他希望通过自己的努力，为家人创造更美好的未来，同时将这份工匠精神传承下去，激励家人在生活的道路上勇敢追梦。

一路走来，一路拼搏，一路收获。2023年，郭锐又当选为中国工会十八大代表。10月9日，参加中国工会十八大开幕式后，回到代表团驻地的郭锐在接受记者采访时，他表示倍感振奋，深受鼓舞。他说，在今后的工作中，他将始终牢记一名产业工人的责任和使命，带动身边更多的人学技术、练技能、比贡献，以"怀匠心、铸匠魂、守匠情、践匠行"的责任担当，为新时代社会主义现代化强省建设做出应有贡献。

自入厂以来，郭锐每天都在钻研技术、磨炼手艺、破解难题中度过。他大部分时间都坚守在生产现场，工作既辛苦又劳累，但就像他说的："工作给我带来很多快乐。"每当遇到生产难题，他都会苦思冥想花费几天几夜的时间，设计并完善方案，当问题被圆满解决，同事们握着他的手，一同庆祝来之不易的成功时，他总能感受到那种发自内心的快乐。

近年来，郭锐带领徒弟先后参加了多项职业技能大赛并取得了优异成绩。在中车职业技能大赛中，徒弟们获得钳工第三、第四、第九名、第十三名（奖励前十五名）的成绩；在山东省振兴杯职业技能大赛钳工决赛中，取得第三、第四名（奖励前六名）的成绩；在青岛市职业技能大赛中，取得钳工第一、第二、第三、第五名（奖励前六名）的成绩；在山东省职工职业技能大赛中，取得钳工第一名、第六名（奖励前六名）的成绩。

郭锐带领徒弟参加各级职业技能大赛时，前期都会对徒弟们进行精心培训和技术指导，培训时间一般为1个月左右。在培训过程中，会对试件加工路线分析、工艺方法验证、加工工艺制定、工量具准备等方面进行精心准备，他会针对每个人的特点分别制定操作工艺，充分发挥每个人的特长，以帮助他们更好地提高竞赛成绩。在培训的日子里，他既能感受到徒弟们拼尽全力付出的辛劳，也能看到徒弟们在拼搏中不断地成长。

因为这些快乐，郭锐的脸上时常洋溢着澄澈而又阳光的笑容。澄澈是长年专于一事、精于一业带来的心无杂念、坚守执着与内心的纯净。阳光是"高铁工人"身份带来的自信、自尊、自豪与荣光。

"让技术工人成为大家眼中一项既体面又有尊严的职业。""我能够取得现在的成绩，是因为赶上了中国高铁发展的好时代。""国家提倡劳模精神、劳动精神、工匠精神，就是想把劳动伟大、创造伟大的劳动精神和工匠精神体现出来，让各行各业的劳动者受到社会的尊重。""如果成为劳模、工匠能够引导一部分人去当工人，去当优秀工人的话，那么我愿意做这样的典型，愿意传递这样的正能量。"

截至目前，郭锐已获得50多项国家、省、市级荣誉。在网络上搜索"中车郭锐"，文字信息、视频新闻铺天盖地。中央电视台、山东电视台、青岛电视台的新闻频道里时常闪现郭锐的身影，《人民日报》《光明日报》《人民铁道》等媒体都有关于郭锐的报道。

听着、看着这些新闻，会觉得郭锐是一颗代表产业工人的明星，那样耀眼，那样闪亮，光芒四射，又让人感觉遥不可及。然而与他交谈时，看着他温暖的笑容，听着他爽朗的声音，体会他质朴的话语、谦逊的用词，还有时常流露出的风趣幽默，又感觉他是那样亲切。

真实而又普通，平凡而又伟大，有自己的快乐、感动，也有自己的烦恼、忧愁，待人温和、宽容，有时又严厉、严格，全身心投入工作，也非常热爱家庭……他就是这样一个人，有血有肉，有情感有温度，有情怀有梦想，有理想有追求，令人敬佩。

走在马路上，坐在火车上，经常有人跟郭锐说："看着你挺面熟的。"

郭锐笑道："因为我长了一张'国脸'。"

　　"国脸"就是大众脸，看着像每一个人，会很快融入人群，成为大众中的一员。是呀，郭锐就是大众中的一员，是千千万万产业工人中的一员，他们坚守"勇于创新、产业报国"的职业信念，秉持"追求卓越、精益求精、精雕细琢、专业敬业"的工匠精神，托起了中国制造、中国创造的腾飞梦想。

　　今天，郭锐的梦想还在继续，他和中国高铁将以更加夺目的姿态出现在我们面前！